立人天地

大师馆

~畅销作家系列~

J.K.Rowling
The Wizard Behind Harry Potter

哈利·波特背后的魔法师：
J.K.罗琳传

【美】马克·夏皮罗 著

符瑞祯 译

王敬慧 校

黑龙江出版集团

黑龙江教育出版社

版权登记号：08-2017-052

图书在版编目（CIP）数据

哈利·波特背后的魔法师：J.K.罗琳传：（美）马
克·夏皮罗（Marc Shapiro）著；符瑞祯译. —— 哈尔滨：
黑龙江教育出版社，2017.4
ISBN 978-7-5316-9197-6

Ⅰ.①哈… Ⅱ.①马… ②符… Ⅲ.①罗琳
（Rowling, Joanne Kathleen 1966– ）– 传记 Ⅳ.
①K835.615.6

中国版本图书馆CIP数据核字（2017）第099832号

哈利·波特背后的魔法师：J.K.罗琳传
HALI·BOTE BEIHOU DE MOFASHI: J.K.LUOLINZHUAN

丛 书 策 划	宋舒白	
作 者	［美］马克·夏皮罗 著	
译 者	符瑞祯 译 王敬慧 校	
选 题 策 划	吴迪	
责 任 编 辑	宋舒白 郝雅丽	
装 帧 设 计	冯军辉	
责 任 校 对	张爱华	

出 版 发 行	黑龙江教育出版社（哈尔滨市南岗区花园街158号）
印 刷	黑龙江天宇印务有限公司
新 浪 微 博	http://weibo.com/longjiaoshe
公 众 微 信	heilongjiangjiaoyu
天 猫 店	https://hljjycbsts.tmall.com
E－m a i l	heilongjiangjiaoyu@126.com
电 话	010—64187564

开 本	700×1000 1/16
印 张	14
字 数	112千
版 次	2017年7月第1版 2017年7月第1次印刷
书 号	ISBN 978-7-5316-9197-6
定 价	38.00元

谨以此书献给

所有善良的人们。

我的妻子——南希；

我的女儿—— 雷切尔；

我的母亲——塞尔玛；

我的图书代理——罗瑞；

本尼和弗蕾达；

克瑞，坏宝宝，混沌；

迈克·柯比，史蒂夫·若斯；

最后要感谢J.K.罗琳，她点亮了一整代人的想象力。

祝一切美好。

目录

Contents

译者序

Rowling

　　我承认，我是一个不折不扣的《哈利·波特》粉丝。我从8岁开始接触《哈利·波特》系列丛书。当时，我随出国访学的家长到一个英语国家学习一年，邻居的小女孩要和我玩当地盛行的哈利·波特游戏，我觉得很陌生，也很难用英语与她玩起来。但是之后的日子，我开始一本本地阅读《哈利·波特》的英文原版书，听斯蒂芬·弗莱（Stephen Fry）惟妙惟肖的英式口音朗读版，看《哈利·波特》电影，不夸张地说，我读《哈利·波特》不是一遍而是几遍。几年之后，重新回到那个英语国家准备读中学，再次见到当时的小玩伴时，当年不知道如何玩的我，已经成为一个对哈利·波特无所不知的行家，没有人要求，但是我可以大段地复述、背诵原文中精彩的段落。入学之初，还发生了一件很有意思的事情，可能是因为我反复地听斯蒂芬·弗莱英式口音的朗读版，我的英语口音让外国的老师不禁问我是不是从英国转学过来。

哈利·波特伴随着我的成长，现在来翻译《哈利·波特》作者的传记，这是一件很辛苦，但是我愿意做的事情。机缘巧合，我能够从J.K.罗琳所缔造的哈利·波特的世界学到很多，我也希望自己从一个受惠者成为一个美好事物的传递者。翻译J.K.罗琳传记的最大收获就是让我再一次回味中国的古语："一分耕耘，一分收获"，也可以说"宝剑锋从磨砺出，梅花香自苦寒来"。J.K.罗琳的一生彰显着一种可贵的坚持的精神：贫贱的生活不曾改变她致力于写作的梦想。

在翻译过程中，我常想，如果J.K.罗琳的《哈利·波特》系列丛书没有被世人认可，如果她的一生是默默无闻的，那会怎样？我们大多数人的一生都注定没有像J.K.罗琳所经历的那么波澜壮阔，但是不论怎样的人生，我们都希望那是有意义、有内容的生活，而不是浑浑噩噩地活着。

符瑞祯

2017年1月27日

序 言

Rowling

我爱阅读

我承认,我爱阅读。

当繁忙的一天结束后,没有什么比和我满意地发出呼噜声的猫——混沌,一起蜷缩在柔软舒适的椅子里,踮起双脚,翻阅一本好书更能使我放轻松的了。读什么书取决于我的心情。

有时候当我想去了解真实的人和真实的生活,我就会拿起一本传记。也有些时候,阅读那些真实的故事会变成眼中最乏味的事情。这个时候的我就会选择一本科幻小说,一则鬼故事，或者一册《哈利·波特》……

　　就这样逃至一个全新的世界。

　　从史至今，逃入魔幻世界都会给我们带来一丝安慰。这也是为什么哈利·波特的冒险故事能给孩子和成年人都带来欢乐。简单地说，《哈利·波特》故事系列中，没有什么规矩不可以被打破，或者是没有规矩不能在欢乐和冒险的名义下被打破。

　　作为麻瓜，我们得以在自己的世界里幻想冒险。当翻阅《哈利·波特与魔法石》或者《哈利·波特与密室》时，我们可以闭上眼睛，假装我们刚打完一场激动人心的魁地奇，而现在已返回霍格沃茨神圣的会堂，在邓布利多教授的眼皮底下，与要好的朋友罗恩和赫敏一同学习魔咒、符咒和魔法的精髓艺术。

　　踏入哈利·波特的世界，就好比跟随爱丽丝跳入兔子洞走进仙境。这是一个什么事情都经常会发生的地方。有些事真的令人毛骨悚然。我真的十分不想在月黑风高的夜晚遇见伏地魔或是一只摄魂怪。但我的确好希望能撕开一封咆哮信，听到它冲我嘶吼的内容。使用呼噜粉绝对会比堵在上班高峰的路上要强。而且我怀疑谁也不会找到比罗恩和赫敏更好的朋友。

一本好的魔幻作品最重要的证明，就是读者可以在书中迷失自我。而且事实证明，全世界有上百万的儿童与成年人在哈利·波特的冒险中做到了这一点。

但是，出于好奇我们会产生疑问：作者是怎么想到了这些点子？创造出哈利的人长什么样子？她的头发是什么颜色？享受了这段魔幻的旅程后，我们逐渐想要了解她的一切。

创造《哈利·波特》故事的是一位什么样的人？

她是年轻还是年长？快乐还是伤感？她写这些奇妙的故事的时候是独居还是被一堆孩子缠绕？她是否经历了一个快乐的童年？是否因为不开心的家庭生活驱使她逃到魔幻的世界？

这些是我希望得到答案的问题。也是为什么我决定创作《哈利·波特背后的魔法师：J.K.罗琳传》的原因。

作者的背景故事经常和作品同样，甚至更加有趣。对于J.K.罗琳来说，她的故事是个混合体，什么都有一点。其中有欢乐和爱情，但是也有悲伤。J.K.罗琳的故事也讲述了勇气、决心和在貌似微乎其微的胜率中获得最后的凯旋。

终于，故事有了幸福的结局。J.K.罗琳的一生好比她撰写的故事，也算是一种实现了的童话。

进一步的认识J.K.罗琳，进一步的发现她是如何写出全世界最受欢迎的小说，不会改变你对哈利·波特的看法。但是《哈利·波特背后的魔法师：J.K.罗琳传》一定会为你讲述故事背后的故事。

而且，进一步的了解只会让你更加享受下一次坐上椅子或者爬上床，盖严被子……

然后再一次融入哈利·波特的世界中。

我带着那本好书回到了我舒适的椅子上。

混沌打着呼噜。

是时候该翻页了。

——马克·夏皮罗

第一章
哈利狂潮

有的时候，眼前的世界会变得令人困惑；它并不重视公正与友善。在真实的世界里，美满的结局寥寥无几。这也正是我们为什么会时不时地，渴望逃离进入魔幻的世界——一个万事随心、一切都会得到属于自己的完美结局的地方。

我们一心相信童话世界中的神奇动物，渴望魔力、好友和邪不压正的力量；我们想象着能够手持宝剑，屠杀恶龙，或者赢得某位公主的芳心。拥有在空中飞翔，举起高楼大厦的能力也都曾浮现于我们的脑海。

这是我们为什么会热爱超人、彼得·潘、《欢乐满人间》中的玛丽·波平斯和《指环王》中费罗多等人令人惊奇的冒险，也是我们全部都变成疯狂的波特粉丝的原因。我们迫不及待地想知道最爱的魔法师，一个在霍格沃茨魔法学校学习的13岁英国孤儿——哈利·波特，未来的探险。

《哈利·波特》系列图书的作者，J.K.(乔安妮·凯斯琳) 罗琳，是一位已有孩子的成年女性；她通情达理、谦虚、务实——拥有作为一位好母亲和社会一员应有的素质。她喜欢在家乡，苏格兰爱丁堡的大街上徘徊。会在喜爱的咖啡店坐上好几个小时，喝着咖啡，观察周围的世界。

J.K.罗琳几乎日日夜夜、分分秒秒都在梦想。她梦想着遥远的领土，现实生活之外的好人、真正邪恶的坏人，和讨人喜欢、试图理解这一切的儿童。但是J.K.罗琳与众不同的是，当她拿起笔和纸并开始创作哈利·波特历险记的时候，她将自己的梦想化为现实。

她会开始微笑，她那会说话的双眼，在波浪般长发的衬托之下，显得更为闪闪发亮。她的笔闪电般横扫纸张。她心目中那扇通往神奇的梦幻世界的大门正在敞开，而她即将穿门而过。

当J.K.罗琳坐在她最爱的写作之地——尼科尔森咖啡店，赋予哈利·波特新生命时，她就好似变了一个人；因为如果要创造哈利和他的好朋友罗恩·威斯莱和赫敏·格兰杰的冒险之旅，罗琳就需要抑制成人的理念，而变成那个相信一切的孩童。

当罗琳全心全意成为这个孩子时，一切的一切都有可能，而且将会发生。

从《哈利·波特与魔法石》的开篇中，我们就感受到了它的非比寻常。开头对哈利的人物介绍并不令人愉悦。他是个孤儿，已经在残忍的姨妈和姨父家中楼梯下的储藏室生活了10年。但我们很快就发现哈利并不是寻常人，他是魔法师的儿子。哈利对自己的能力一无所知，直到有一天，一位不知从何处而来的巨人出现，交给哈利一份霍格沃茨魔法学校的录取通知书。

开学后，哈利有了朋友、敌人、奇妙的力量和除掉隐藏在学校深处的邪恶的使命。最后总的来说，朋友们团结一心，邪恶被暂时驱逐，一切好转。

《哈利·波特与密室》也同样精彩。成长中的哈利在与朋友们再一次挑战邪恶的同时，年轻的他开始更多地了解这个新世界。在罗琳生动的想象中，他发现了周围每个角落里的惊喜：会回话的日记；已死却仍在继续教书的教授；那些在夜深人静时，为了梳妆打扮而苏醒、肖像画上过世多年的前辈。

等到了第三本书，《哈利·波特与阿兹卡班的囚徒》，作者开始将故事黑暗化。在摄魂怪的引入中，我们看到了真正令人厌恶的邪恶。但现在的哈利已有足够的智慧和力量参与这场斗争。还有那宝贵的时刻，哈利在魁地奇场上遇见张秋，觉得她很漂亮。

罗琳已用诱人的情景填充了整个页面，让我们为之着迷。

"我真的可以毫无困难地让自己回到11岁时的那种心境中，"J.K.罗琳在《时代》杂志采访她关于通过自己的童年经历来写作时说道。"我记得作为一个孩子的那种无力感和拥有那个大人们总是无法介入的小世界的感觉。我认为我能清晰地理解在哈利那个年龄的时候是什么感觉。"

不止一次，罗琳意识到自己的童年记忆对创作的影响。对于她来说，赫敏就是小时候的自己。虽然在生活中没有实际的哈利，但她说这个人物的许多元素是来自她所认识的人。她的敌人呢？在罗琳回忆自己面对校园恶霸也不知道能否全身而退的时候，他们就这样诞生了。

作者曾说，基于对开启一个充满可能性的梦想世界的期盼，她每一天心甘情愿地投入这个任务，使她喜爱著述哈利·波特的历险记。

她告诉《新闻周刊》的记者："在梦中，你爱干什么就干什么。"

在前3本书中，《哈利·波特与魔法石》《哈利·波特与密室》和《哈利·波特与阿兹卡班的囚徒》也充满着梦境。哈利·波特的世界中有着各种奇异的生命体,比如巴克比克,斑斑和克鲁克山。有邓布利多教授和海格这样的好人,也有德思礼一家和邪恶的伏地魔这样的坏人。在哈利·波特的世界里,猫头鹰经营着银行,学生们骑着扫把追赶飞球,而见习魔法师踏入禁林时,则要轻手轻脚。

最终还是哈利·波特,这个有着绿色的眼睛,一头蓬乱的黑发,戴着眼镜的瘦小13岁少年成了J.K.罗琳的冒险之旅的一切。作者感到哈利是一面反映年轻读者灵魂的镜子。

"哈利的聪明,运动能力和其他众多优点都是孩子们想要的,"罗琳曾告诉记者,"但孩子还是会同情他,因为他已失去了父母。如果作者将某个人物写成孤儿,没有几个孩子也会想要成为孤儿。但它也是一种解放,因为孤儿不用担心家长的期望。"

但《哈利·波特》不仅仅给13岁以下的孩子提供逃避现实的梦境,成人们也全身心地接受了哈利,感叹故事中描写的简单又积极的价值观。朗读哈利·波特的故事往往是家庭活动的中心,有时候父母给孩子们读,有时候由孩子们读给父母听。或者,当孩子们已熟睡,有的家长会坐下来,自己阅读这本书。

罗琳经常阅读粉丝发给她的邮件,所以很清楚地知道

《哈利·波特》系列图书吸引读者的年龄层次已经跨越了几代人。一位来自苏格兰格拉斯哥的女士,最近刚写信给乔安妮的英国出版商询问如何加入"哈利·波特的粉丝俱乐部",这位女士已经60岁了。一位英国先生来信询问哈利·波特的故事是否会被拍成电影时,形容自己是"成年人的身体,孩童的灵魂"。她也曾收到有关哈利·波特的故事在孩子睡前引发家庭争吵的报告,只是因为家长想要读完某一章,所以将书拿走自己看。

罗琳已深思熟虑很久,为什么所有年龄段的人都会对哈利的故事有所响应?她认为她知道原因。

"我认为一部分是因为,尽管哈利还是个孩子,但他需要接受生命中成人的负担。"她在最近的一次采访说道,"这使孩子们和成人一并觉得很贴心。哈利也是个老套的主人公。有着不少人性上的弱点,这也是与所有年龄段的人都可以产生共鸣的。"作者还指出贯穿每本书的某种伦理道德。比起说教,她更愿意通过人物的行动和思维,自然而然地告知我们她想要传递的讯息。正如我们在前4本书中所发现的,哈利·波特并不是个完美的孩子。他在需要时会违反规则,也有正常同龄孩子该有的不安全感。儿童和成年人往往喜欢的是,当他们打开一本《哈利·波特》系列图书阅读时，总可以在其中找到自己的影子。

《哈利·波特》美国图书系列的编辑阿瑟·莱文认为，该书对读者产生如此之大的吸引力的原因是：一个孩子在成长中没人爱，如同一个被抛弃的人，然后突然走进光芒之中，被世界发现。他对《纽约时报》记者说："这是每个尽管聪明，但不强壮人士的幻想。正是这种情感上的连接，让我走进了这本书。"

无论什么原因，从1997年该系列第一本书出版以来，哈利·波特已经成为一种世界范围的现象。到目前为止，前4册书已被翻译成上百种语言，销量超过 1 000 万本。这套书持续高居畅销书排行榜榜首，哈利·波特的故事也已被搬上了大荧幕。

但哈利·波特的流行并不仅在于图书销售和电影。有的孩子已将哈利领入自己的心中，他已成为孩子们玩耍中非常真实的一部分。孩子们围绕哈利·波特的故事创作出游戏和有关他的冒险记的演出。许多关于哈利·波特的网站中会有粉丝们自创的小故事。孩子们经常结伴朗读《哈利·波特》。一位有魄力的11岁孩子，甚至将"在霍格沃茨魔法学校受过教育"字样打印在自己的名片上向朋友们炫耀。

令人惊讶的是，《哈利·波特》的作者是一个快乐与爱好都很简单的人。她告诉某网站，她"除了和朋友出去玩和写作"之外并没有什么兴趣爱好。她最喜欢的节日是万圣节。她最喜欢的电视节目是英国喜剧和美国的《欢乐一家亲》和《辛普森一家》。

"我会厌倦自己的生活，"她说，"我更喜欢创造些什么。"

对于J.K.罗琳来说，真正的乐趣来自收到那些少年儿童如何接受了她的故事的讯息，这是理所当然的。住在加利福尼亚的一家人为了可以尽早阅读《哈利·波特与阿兹卡班的囚徒》，在网上定下了英国先出的版本，这样可以比美国版本少等数月。当这个系列的第三本书在下午3：45开始出售时，正好是英国学校放学的时间，让罗琳感到惊讶的是，这本书在每个书店里都是几分钟内就被抢空了。

平时羞涩、在访谈中神神秘秘的罗琳，开始学会去参加各种巡回书展。她很喜欢签书会，这使她可以与年轻读者面对面。比如，一次在一所英国的学校，一名男孩拿着一本她的书，走上前来叫住她，"他当着我的面把书的第一页背了出来，"她在《新闻周刊》中说道，"背完第一页后，他说'我还可以继续'，然后把前5页都背了出来。真是令人难以置信。"

但是，她在一次学者出版社网络论坛中说道，令她感动的一刻，是在她的家乡爱丁堡举行的一次作者朗读和签书会上。"所有名额已满，而且排队要签名的队伍也很长。终于轮到一名12岁女孩的时候，她说'我不想要这里有这么多人，因为这是我的书！'我告诉她这也正是我对自己最爱的书的看法。其他任何人都没有资格去认识它们，更别说喜欢！"

最能彰显"波特狂潮"的情形，是去年罗琳再一次来到美国举行书展之际。她在全美不同书店落脚时，越发惊喜地意识到虽然哈利·波特有着明显的英式风格，但其中传递的讯息是国际化的。

在加利福尼亚圣洛萨一所高中体育馆中举办的读书会上，乔安妮震惊地看到2 500个在观众席中雀跃不已的哈利·波特书迷，个个声嘶力竭地喊着："哈利！哈利！"

这种场景在加利福尼亚旧金山市再次重现，当乔安妮的车刚刚开过一个转角，她惊奇地发现上千人在一家书店门口排着队，等待参加一场上午9∶30的朗读签书会。她后来发现，许多儿童和他们的父母为了确保可以入场，已经在此排了一夜的队。甚至还有一家人，从洛杉矶开了6个小时的车，为了可以排在第一个。乔安妮作了简短的朗读，回答了粉丝的很多问题，又在两个小时内签了1 000多本书。然后以迅雷不及掩耳之势坐进了豪华轿车离去。

"那感觉好像是甲壳虫乐队来了。"活动结束后，一位兴奋的、喘着粗气的书店员工这样告诉《娱乐周刊》记者，"孩子们可能会在多年以后来到这里时说'哇！当年那位写《哈利·波特》的女士就站在那里。'"

对于J.K.罗琳来说，哈利·波特的成功也是一件魔幻的事。经过多年乏味的工作、贫困的生活，还要尽量以一位单亲母亲的身份活得快乐。现在我们的作者可以舒适地住在苏格兰，时不时还能环游世界。她经常回想她对哈利·波特的成功所"感到的惊奇"，那"就好像被抛入了童话世界"。

"我总是很难客观地了解哈利，"她在BBC的一次关于真实与幻境的讨论中承认，"对我来说，他们仍然在我自己的私人小世界里。5年来，他们一直是我的小秘密。从这本书的灵感在我脑中浮现时，我就看到了'魔法师生活在我们身边'这个概念的戏剧性。"

最后，J.K.罗琳成功地梦想成真。"我从未想到过哈利会如此成功，除非我疯了，"她说，"可以说，我的书能够出版就已经圆了一个从很小的时候就有的梦。"

第二章
兔子和蜜蜂女士

罗琳的父母于1963年在火车上相遇。如美好的童话故事一般，他们一见钟情。

乍一看，彼德·罗琳和他未来的新娘几乎没有一丝共同点。彼德是一所飞机工厂的经理，而安妮是某实验室的技术人员。他来自蓝领阶级的世界，而她更喜爱书籍和知识上的追求。然而，这些一点也不重要。

他们互相吸引，坠入爱河，最终决定结婚，他们发现原来他们之间有很多共同点：都有良好的幽默感，并且重视家和家庭生活，还热爱英国的乡村景象和好看的书。走入婚姻的殿堂，他们双双感到自己找到了完美的另一半。

结婚不久后，彼德和安妮搬到索德伯里奇平镇中一套不大却很舒适的房子里。这对夫妇喜欢这种住在英国有名的森林和山头间的生活，但他们毕竟还是城里人，所以也经常喜欢去附近的小镇布里斯托。在那里一起购物，一起度过闲散的时光。

彼德和安妮感到他们的生活堪称完美，只有一件事可以为他们的生活锦上添花。

这件事在1965年的11月到来了：这对夫妇向亲朋好友们公布，安妮怀上了第一胎。接下来的9个月彼德和安妮怀着激动并快乐的心情，为孩子的出生做准备。他们猜测着孩子会是男孩还是女孩，而且仔细讨论该取什么名字。

他们经常走进已被挑出来作为婴儿房的房间，设计婴儿床的位置和墙壁的颜色。

如同所有的父母，他们希望孩子健康和快乐。1966年 7月底，彼德的车停在了索德伯里奇平总医院的门口，时候到了。

乔安妮·凯斯琳·罗琳在1966年的7月31日，伴随着嘹亮的哭声来到了这个世界。多年以后，罗琳会将她的诞生日看作对未来的预兆。"我认为一个收集怪名字的人，被生在一个叫作索德伯里奇平的医院还是蛮恰当的。"她在一个网络自传中开玩笑说道。

几乎从罗琳刚出生开始，彼德和安妮就感受到孩子的聪明和好奇心。她的眼睛总是睁得大大的，惊奇地看着周围的世界，他们几乎可以猜到孩子口中最先说出的词汇之一就是"为什么"。

罗琳曾经用"梦幻般"这个词来形容她幼儿时期。这个孩子似乎很善于单独求索。经常一个人在房间或者后院的草丛里玩着虚构的游戏，如果有一棵树，她就爬上去。当周围有其他孩子时，罗琳会很快邀请他们加入她众多的游戏。即使在她很小的时候，就十分喜欢"我们假装"这种理念。

为了培养孩子的想象力，罗琳的父母在她很小的时候就开始给她读书。因为父母都是喜欢读书的人，所以她早期的记忆是"满屋的书，而且父母不断给我读"。罗琳源源不断地受到童话和奇幻作品以及多多少少的经典名著的滋养。

甚至在她最不舒服的时刻，父母朗读的声音总能让她平静下来。

"我的最生动的童年记忆是父亲坐着给我读《柳林风声》，"她告诉伦敦的《每日电讯报》，"我当时得了麻疹，但我真的不记得这个，我只记得书。"

父母并未意识到的是，这种长期与文学的接触，尤其是童话故事和奇幻故事，对小孩子产生了极大的影响。她开始梦想奇幻的、情节精巧的故事，里面有各种富有传奇色彩的人物。在她玩的游戏里，故事中的人物与细节的设置远超同龄人。

虽然当时她太小，无法准确说出以后到底想做什么，但J.K.罗琳在很小的时候就能想象自己拿起纸笔，创造一个个魔幻的世界。"写作对于我来说始终是一种美妙的需求。"1999年在一次访谈中，谈及她早期的写作欲望时，她如是说道，"我不认为任何人可以逼迫我或阻止我去这样做。很怪异，但写作是我这辈子的愿望。"

但这些都是罗琳私底下的想法，这美妙的秘密伴她温暖、舒适地陷入梦乡，帮助她轻松度过每一天。甚至于，假如父母知道了，都将终结这个秘密带给她的所有乐趣。

但当她的妹妹，与罗琳相差不到两年的小黛，快到3岁的时候，5岁的罗琳已"足以抱起"她的妹妹，开始给小黛讲神奇生物和幻想世界的奇妙故事。

这些故事往往会以兔子为中心，乔安妮曾经回顾说，那是因为"我们太想要一只兔子了"。这些故事中最令人难忘的，也是使小黛笑得满地打滚的一个，是讲述有一天小黛掉进了兔子洞，结果被兔子家族喂草莓的故事。

小黛常常会坐在那儿，为姐姐的故事着迷。会要求罗琳给她一次又一次地讲述同一个故事，但因为这都是口头故事，所以每次讲述都会有些不一样。从妹妹的积极反应那里得到鼓励之后，罗琳开始将自己的故事写在纸上。就这样，在她6岁不久后的某一天，罗琳拿起纸笔写下了第一个故事。

毫无悬念，这是一个关于一只名叫"兔子"的兔子的故事。从这个孩子的脑袋里蹦出了一个奇幻的故事，讲述了朋友们来问候一只得了麻疹的兔子，其中包括一只叫作蜜蜂女士的巨大蜜蜂。"我一直写关于兔子的故事写了好几年。我当年绝对是有兔子强迫症。"她曾经这样告诉记者。

这个故事使小黛无比兴奋。一直在旁边欣赏女儿们奇幻游戏的父母，也被女儿的想象力逗乐了，但并没有认为她需要任何的鼓励。而且他们的鼓励也确实没必要，因为罗琳已经决定，她要成为一位作家。"自从兔子和蜜蜂女士的故事以后，我就知道我想要成为一名作家，"她这样告诉《校园图书馆期刊》，"我无法向你形容我当时想成为一名作家的愿望有多么强烈。我只是因为害羞，所以没怎么提过。而且父母的回应是那种'好啊，那很好，亲爱的。但是你老了怎么办呢？'"

罗琳渐渐成了一个聪明的孩子，她丰富的想象力常被街坊邻居所称赞。这个天赋在她刚上学时就已经被注意到，老师对于她早期的论文和报告的成熟和新意表示叹为观止。因为这些认可，罗琳认定找到了一件自己擅长的事。

关于写作，这个小女孩另一次的早期尝试是一篇充满悬念的探险文章，名叫《七颗被诅咒的钻石》。"那个年龄的我还以为这就是一部小说，"她在多年后回忆说，"但现在我觉得实际那应该只是一篇很长的短故事。"

早年间，罗琳所做的不仅仅是写作。父母很少看见她有不看书的时候。年少时的她很活泼，而且在小区里也有不少好朋友，但她好像还是更喜欢自己一人读书。她最喜欢的书包括伊丽莎白·古吉的《白色的小马》，保罗·加利科的《荒唐老鼠》以及C. S. 刘易斯的《纳尼亚传奇》。

"我超爱 E. 内斯比特，"她曾透露她的阅读习惯，"我觉得她的书都特别好。我也喜欢诺埃尔·斯特雷特菲尔，就是写那些特别富有少女心的书，关于芭蕾舞鞋什么的。即使是现在，如果我所在的房间里正好有一本《纳尼亚传奇》，我会毫不犹豫地再读一遍。"她向伦敦《电报》如此解释说。

罗琳开始写作不久后，父母认为他们需要更大的房子，所以搬到了处于布里斯托尔城外的耶特小镇。搬到耶特还不到一年后，彼德和安妮觉得他们更喜欢布里斯托尔另一边的风景，所以把家搬去了另一个名叫温特伯尼的小镇，罗琳和小黛从容地适应了两次搬家，并很快在新小区交到了朋友。温特伯尼镇有很多与罗琳和小黛同龄的孩子，她们立即被迎入了这个满街上下玩闹的小团体。在那些日子里，罗琳就是个假小子，会参与每一个胡乱打闹的游戏，丝毫不担心自己是否会摔倒或者受伤。其实在当时，她并不健壮而且经常会摔倒，但她勇敢尝试的固执的性格，很快使她得到了小伙伴们的尊敬。

她在温特伯尼最亲密的两个朋友是一对名叫伊安·波特和蜜琪·波特的兄妹。多年后，伊安·波特告诉《书刊》杂志，当年他和妹妹在一起去找罗琳和她的妹妹玩耍时，他们偶尔会讲故事。"但我们最喜欢玩的是装扮游戏，而且十有八九是罗琳说，'哎，我们来玩女巫和男巫吧。'"

罗琳记得她住在温特伯尼时，与伊安和蜜琪走得很近。这份友谊一方面基于他们的名字。"他们姓波特，"她曾回忆说，"我一直挺喜欢这个名字的。"

第三章
幼稚事物

罗琳年满9岁后不久，父母决定是时候再一次搬家了。只是因为父母的梦想终于成真了。

彼德和安妮两人都出生在伦敦，都自认是城里人。因为住在乡下更便宜，所以他们推迟了任何到城里生活的想法。随着彼德被提升为汽车厂的机械师，开始赚到更高的工资，这对夫妇决定是时候行动了。

虽然这对夫妻渴望着城市里的生活，但他们已习惯生活中的森林和山岭。与其住在一个大城市，罗琳一家决定还是小的城市好一点。

土兹希尔是一座位于迪因森林，切普斯托附近的小城市。这个小城里有街道、商店和学校，坐落在怀伊河旁边，而且田地无处不在，形成了城市和乡下的完美结合。

罗琳和小黛很快适应了周围的新环境。她们在河边尽情地嬉戏，还编造奇幻的游戏在旷野上玩耍。罗琳十分阳光，很快跟街坊邻居成了朋友。当她感到足够安逸自如的时候，就拿出她的故事，读给小区的孩子听。虽然其他孩子也并不十分了解这个编造神奇地方、有趣故事，运用复杂语言的小姑娘，但给他们留下深刻印象的是，他们愉快地期待与罗琳的故事时间。

她还是会喜欢室外的活动，但阅读和写作，这种孤独的追求，仍旧最能使她激动。

说到阅读能力，她已经远远超出同龄人的要求水平。9岁的时候，罗琳发现了伊恩·弗莱明的詹姆斯·邦德系列，这些书成了她读书消遣中最常读的一部分。

不久之后，她发现了简·奥斯汀的作品，这也永远地改变了她的人生。奥斯汀微妙的段落和详细的故事描写，成为罗琳的一种模板。"简·奥斯汀是我这辈子最喜欢的作者。"

在土兹希尔生活只有一个缺点，那就是罗琳得去上土兹希尔小学。而她痛恨这所新学校。

"那是一个很小、很旧式的地方。"她在奥库读书网站上痛苦地回忆着，"桌子上还有墨槽。"

这也不是罗琳受不了这个学校的唯一原因。她还得忍受新老师，摩根太太。而且摩根老师吓得她魂儿都要飞了。摩根老师是那种严格的"上课少说废话"类型的教师，教课完全跟着书本走。不妙的是，罗琳和摩根老师在数学上的看法并不一致。

"她在我第一天上学时就给了我一份算术测试，经过巨大的努力，我在10分里获得了0分。"她在奥库读书论坛上说道，"测试的内容是关于分数的，但我之前从来没学过任何分数的知识"。

在她上课的第一天，摩根老师将罗琳安排在最靠右的一排桌子上。她对这个本来没意见，直到几天以后，在跟同学谈论中发现，老师把她排在了愚笨学生的座位中。

摩根老师似乎是按照聪明程度制定学生座位表。最聪明的学生坐在房间的左边，其余的依次往右排。罗琳痛苦地回忆起她在土兹希尔小学的第一天，她写道："我的座位右得不能再右了，除非我坐到操场上去。"

对于罗琳来说，在这里的第一年很是艰难的，不像原来那样很容易交朋友了，她的身体和情感都在发生变化，这些累加起来，就形成了她在新学校里不那么顺利的开端。

"我没有自己想象的那么聪明。"她在《沙龙》杂志叙述旧时说道，"我并没有把自己当作小神童，但一心希望取得优秀的学习成绩，这也就掩盖了一种心中的巨大不安。我认为普普通通的小女孩会这么想很正常。绝对不想要我的童年重来一次，在我的回忆中，它并不幸福和快乐。"

在学校里，她是新生，而且还要承受被别人看作愚笨学生的窘迫。但罗琳成功地扭转了局面。

她努力学习，交了一些为数不多，但忠诚的朋友。毫无意外，英语是她最擅长的一门科目。虽然她在没事的时候，仍继续写着奇幻故事，但除了小黛和个别好友，她已经不会和任何其他人分享这些作品了。

罗琳决心要证明，她的教师对她的第一印象是错误的；到了年底，她已让摩根老师信服她并不是个笨孩子。终于有一天，她的努力得到了回报，老师告诉她现在可以坐在教室左边。罗琳回忆那次被提升座位档次的情形，心情是非常复杂的。

"我被提升到左数第二排，但这次提拔是有代价的。摩根老师让我和我最好的朋友换位子。所以在教室里区区几步的变化使我看起来是个聪明孩子，却不受欢迎了。"她在网页文章中这样写道。

罗琳终于重新获得了她的声望，而且风平浪静地继续小学生涯。她的成绩仍然保持良好；仍然那么容易害羞，只拥有一小撮亲密的朋友；写作依然是她的爱好。

不管日子有多忙碌，她总是能找到某些安静的时间来释放她的幻想。她的故事，那些神奇且充满有趣人物的故事，甚至令人啼笑皆非的名字，都成为她和妹妹玩耍时的精彩片段。父母和小黛的赞赏越发使少女罗琳相信，总有一天她会成为一名伟大的作家，过上童话般的生活。

罗琳成功地从土兹希尔小学毕业，并很快开始在韦伊登综合中学上学。她在小学努力塑造的自信和阳光的性格，在上韦伊登中学的第一年里就消失了。

她开始为和比她大的孩子一同上学而感到不安。再加上正值青春期，使她更缺乏安全感。更倒霉的是，她当时还戴眼镜。"当时的我安静、有雀斑还近视，而且体育极为差劲。"她曾这么说。

但罗琳还是找到了她在韦伊登中学的位置。逐渐地，她发现了一些同她一样的女生——安静、聪明、不太受欢迎，所以她成了那个团体的一部分。她的学习成绩优秀，英语和其他语言一直是她最喜欢的课程。

年轻的罗琳在韦伊登中学逐渐变得开朗。依然在写作，终于有一天，她觉得有足够的信心将她的故事读给新朋友们听。她们很喜欢所听到的故事，而且常常被罗琳的创作感染。

"我以前总会在午休时给那些像我一样安静、斯文的朋友们讲一连串的故事，"她曾在一篇文章中写道，"故事通常是关于我们去做那些在真实生活中不可能做的英勇、大胆的事情。"

罗琳在中学扎实地取得进步，但是没有多少值得一提的巨大成就。其中也有一些糗事，比如有一次打无挡板篮球时，她的胳膊骨折了；还有一次，当遭到年级里最强悍女生的攻击时，她也做了一次女汉子，名扬校园。后来回想此事时，她觉得其实那时最理性的举动应该是跑开，而不是像她当时所做的那样，留下来反击。

"我没有选择，"她说，"要么还手，要么就是躺下装死，接下来的几天我还是相当有名的，因为她并没有把我打扁。事实上，我的储物柜在背后，是它支撑着我。"

不幸的是，罗琳女汉子的声誉只持续了很短一段时间。不久后她就回到了胆小的状态，战战兢兢地躲在拐角处，生怕自己遭到伏击。

中学的最后几年里，罗琳开始变得开朗，信心日益增强。她现在可以更积极地发言，在校外活动和讨论中变得更加主动。虽然还不算健壮，但她现在更倾向于和其他女孩交往。她之后承认，这也是由于她换上了隐形眼镜，所以她不再那么怕被打在脸上了。

罗琳觉得自己在青春期的时候茁壮成长。感到在个人和社交方面，她的生活实际上已开始好转。而且她突然意识到，J.K.罗琳不需要是一个什么事都必须做正确的小姑娘。罗琳顿时感觉十分坦然了。

正如大多数的青少年，罗琳的独立意识不断增长，这导致她和父母偶尔的争吵，通常都是为了无关紧要的小事且很短暂。她和小黛的关系仍然密切，除了辅导小妹妹的课业，罗琳仍旧第一时间把新故事讲给小黛听。第二批听到她最新故事的会是她在学校的闺蜜。

尽管有许多教师都看到了她的天赋，并鼓励她往创意写作的方向发展，但写作仍然是一项私人的追求。她有信心分享的故事往往是那些描写她和朋友们的事情，他们在充满刺激和冒险的故事中闯荡。

她从不向人展示那些更隐私的其他故事。她认为这些故事是一位真正的作家所会写的，而她不太愿意让外面的世界看到自己的这一面。

罗琳对于书的喜爱仍在开花结果。她早就开始阅读传记类图书，并迷上作者杰西卡·米特福德——一位强烈支持人权、19岁就从家中逃出、参加了西班牙内战的女性主义者。"我记得14岁的时候读过的《荣誉与叛军》（*Hons and Rebels*），它改变了我的生活。"

在韦伊登中学上到高年级的时候，罗琳已成为一名相当自信的学生。她人缘好，性格开朗，成绩也相当好。好到了她在最后一年被任命为女生代表。

女生代表是个崇高的位置，是所有女孩所渴望的，但这个名号连带着一点点责任。每年都会有一次，当地区的某个贵族妇女来访问学校时，女生代表的义务就是带贵客参观校园。最令罗琳恐惧的任务是在全校面前演讲。

"为了减少说话时间，我决定插播一段录音，"她在某网站上笑着回忆道，"但是，该唱盘有了划痕，所以播到一半的时候就不继续播了，一遍又一遍放着同一句。最后副校长走上了台，踢了它一脚，才解决。"

罗琳在荣誉中结束了她在韦伊登综合中学的学习时光。老师们看好她光明的前途。父母为她感到骄傲。罗琳对她的未来没有具体说什么，但她知道自己心里最想要的是什么，她有自己的希望和梦想。

现在她只需要弄清楚如何将它们实现。

第四章
生活的经验教训

　　罗琳想要写作。但作为"世界上最不会打理的人",她不知道如何开始。因此,她会写点东西,读一遍,找出些不足,然后将其丢弃。就算当她满意自己所写故事的时候,那仍然只是自己专属的快乐。

　　她有着装满短故事的箱子和档案夹,却不知道到底该怎样将它们出版。她知道杂志经常会买这样的故事,但是从来没有想过要提交一份。就算偶尔想到要这么做,最后的结局都是罗琳在他人评判自己作品的习惯性恐惧面前退缩。

　　就像许多其他18岁的年轻人一样,罗琳拥有明确的梦想,却缺乏行动的勇气。这是罗琳自我嫌弃的一部分,她经常自责性格太懦弱,没有展示自己的勇气。但事实是,罗琳还真的暂时无法挑战这个世界。

　　由于罗琳很是懊恼自己没有勇气在写作生涯中迈出下

一步，很容易受到其他人的影响。因此，她愿意听从父母的意见。

因为不知道她写作上的野心，彼德和安妮常常因大女儿对职业前途的迷茫而感到困惑不解。由于她对语言的热爱，父母经常建议这个女儿研究法语和文学作品，而这将帮助她找到像双语法务秘书之类的有着光明前途的工作。而且她的成绩优异，他们认为埃克塞特大学是最理想的选择。

罗琳一直沉浸在写作中，她觉得选择任何其他职业都将是个错误。然而，作为一个听话的孩子，她不情愿地接受了父母的建议，并很快进入了埃克塞特大学。

她在中学的时候听说埃克塞特大学是一所自在的、欢迎奇思妙想的学校，这种说法鼓舞了她。她想，就算没别的，也能找到很多可以对她的真实爱好有所影响的东西。事实上，她在入学不久后发现，埃克塞特大学实际上是所比较保守的学校，有着传统的理念。"真的特别棒，"她告诉记者，"但它并没有提供促进我的人生规划的机会"。

罗琳在埃克塞特大学的收获很大。她发现自己已能轻松地掌握法语。在埃克塞特大学的教育很重要的一部分是在巴黎的一年，学习法语的实际应用。她感到在国外的一年令她倍感兴奋。

她游览景点，惊叹于这个第一次独自居住的另一个国家。旅居巴黎的一年里，罗琳成长了。当她回到埃克塞特的时候，对自己在这个世界的独立生存已经开始有了自信。

在这段时间内，罗琳经历了她的第一场恋爱。爱着一个人，同时有人在乎她，对她来说是很重要的。她很陶醉，原来自己够聪明，也够漂亮，能够获得如此优秀的男孩的关爱。

当然，每当有时间，罗琳就会写作，她的面向极少数读者的短篇作品持续问世。罗琳还尝试着写小说。虽然罗琳在其他各方面都很有信心，但在提交作品这件事上，她总是持拒绝的态度。每当有人说她的故事很好，建议发表，她就开始给自己的故事挑刺。

这种在最爱的事上缺乏信心的状态，困扰着她的每一天。她心中清楚地知道要摆脱束缚，不幸的是，她的头脑仍然不愿放开恐惧和不安，因此她继续按兵不动。

罗琳以优异的成绩毕业于埃克塞特大学，如同其他年轻情侣一样，她和男朋友渐渐疏远了。但她并没有多少时间为失去的爱情而伤心。她得面对现实开始找工作了。

为了面试梳妆打扮做准备并不是这位年轻女士喜欢做的事。在她看来，这种事看起来像是个傻里傻气，不必要的游戏。这使她局促不安，就像一个什么都不懂的小女孩。更何况，这并不是她想做的。她想要写精彩的故事，并看到它们被出版，然后继续写作，过上幸福的生活。但是，她对于达到巅峰之前所面临的风险又心存畏惧，因此罗琳不得不接受现实。

之后的6年成为了那种枯燥乏味的生活和平凡世界的粗略写照。罗琳经历了一系列工作。有一次，她花了两年多时间为国际大赦机构研究严重侵犯人权的行为。虽然她认为自己做的是重要工作，如她的偶像——杰西卡·米特福德——所说的那样，但工作本身异常枯燥和乏味，这两点是罗琳最受不了的。

在大多数情况下，她似乎永无休止地做着一堆沉闷的秘书工作。这工作一点也不吸引她，而且赚的钱并不是很多。还有，她已欣然承认，"我后来证明了，自己是最糟糕的秘书。"

她似乎总是心不在焉。"不管做什么工作，我总是在疯狂地写作，"有一次她写道，"我唯一喜欢办公室的原因，是因为我可以趁别人不注意的时候写故事。我从来没有认真地参加过会议，因为我总是在把最新的故事点子，胡乱地写在本子上或者在考虑作品里面的人物名称。我很清楚，当你应该在记录会议纪要的时候，真的不该分神这么去做。"

不用说，雇主们并不喜欢罗琳在工作时间写她的奇幻故事，因此她多次被开除。但在大多数情况下，她只是厌倦了做自己已经开始讨厌的工作，就选择辞职。这位20多岁的年轻女士就像一艘没有舵，失去方向的小船。

罗琳的父母虽然一直表示支持，但也担心大女儿无法找到自己的生活。在她黯淡的世界中，唯一的安慰就是写作。

"我的确写了很多短故事和很多只写了开头但又被放置一边的小说，"她对《学校图书馆杂志》讲述了那段时期的生活。"我觉得我非常努力地工作，并做足了写作上的学徒。"当她想到这些作品都会一如既往地被封进箱子里并且再也不见天日，她就无法感觉到生活中积极的一面。

不幸的是，所有艰苦的工作仍然未果，所以罗琳很不情愿地寻找下一份工作。这次她找到的一份工作是在曼彻斯特商会做办公室文员。

促使罗琳前往曼彻斯特的另外一个原因是，她收到了一封埃克塞特大学读书时的前男友写给她的信，他说他在曼彻斯特并想再次见到她。这份工作对她来说和之前的一样枯燥和乏味，但这次她下定决心要再尝试一次。

罗琳为这位昔日的男朋友留出时间，但这并没有影响到她继续勤奋地写作。午餐时，她会去附近的酒馆或咖啡店，找一个不碍事的地方继续写作。虽然还没有到反社会的程度，但她经常祈祷别人不要在办公室里过生日，或者要求她加入其他的庆祝活动，来占据她写作的时间。

J.K.罗琳经常将她从伦敦到曼彻斯特间的旅程划为私人时间。她会在等待的时候看书、写最新的故事，或只是盯着窗外的风景。一天，当乏味的工作结束后，在回往伦敦的路上，火车突然停下了。

因为某种机械装置的问题，火车将晚点约 4 个小时。这将会是理想的写作时刻，但由于罗琳太累了，没有一点儿力气来读或写了，她将注意力集中于一群放牧在草地上的牛。

她没有想到的是，她的生活，即将因此而改变。"我就是坐在火车上，望着窗外的一群牛。那并不是什么让人浮想联翩的主题。突然，不知道为什么，哈利出现在我的脑海里。我不知道为什么，或是什么情景将它触发，但我清楚地看到哈利和魔法学校。我突然有了一个男孩不知道自己是谁的这个基本思想。"她在《学校图书馆杂志》的访谈中说到这些内容。

罗琳瞬间被这个想法迷住了，想立即拿起笔和纸写下自己的点子和思想。不幸的是，罗琳什么都没找到。所以除了记忆，什么都没有的她，只能静静地坐着，思考着人物、有趣的名字和可能发生的故事情节。

当她所乘坐的列车停在伦敦的骑士站，罗琳已经基本有了第一本《哈利·波特》的故事的雏形。在未来的几个星期和几个月里，她把每个闲暇的时间都用来写下想法和故事线，围绕这一虚构的男孩和他在魔法世界的冒险之旅。《哈利·波特》的文稿很快装满了一盒又一盒。

罗琳虽然继续在曼彻斯特商会工作，但她会抓住每个时机，工作期间、工作前、工作后，只要有机会，她就描绘一条哈利·波特的故事线。她将哈利设定为孤儿，被残酷的姨妈和姨父带大，当哈利发现自己是魔法师后，就被带到了一所名叫霍格沃茨的魔法寄宿学校。

罗琳经常会带着微笑创作哈利的历险记和那个世界中其他人物的奇异名字。自从被有关哈利的灵感激发之后，她整个人都变了。父母和妹妹发现了这个变化，但他们却不知道这是为什么。罗琳常常会泄露一点关于她到底在干什么的迹象，但永远适可而止。她认为如果太多信息被泄露，那么魔力将没那么纯粹了。

罗琳已经在以书中人物的头脑去思考了。

但这种心情良好的阶段是短暂的。她的母亲突然在45岁的时候去世了，其实早在一年前，她就已经被诊断患有多发性硬化癌。

罗琳整日心神不宁。她清楚地知道母亲得的病，却不知道，多发性硬化癌会这么快夺走她的生命。她十分内疚没能在母亲生命的最后时段多陪陪她，最大的遗憾是没有让母亲读到哈利。

在心神不宁的状态下，她无法专心工作，不久之后，罗琳失去了在曼彻斯特商会的工作。

"那是我生命中的梦魇。"罗琳哀叹道。她告诉《人物》杂志，创作哈利是唯一能够带她走出梦魇的东西。

第五章
哈利诞生

　　罗琳刚满26岁，思绪到处乱飞。她再一次失去了工作，与男友的关系也似乎再一次陷入了死胡同。母亲的去世，让她在悲哀的状态中无法自拔。

　　哈利·波特是她生命中唯一的快乐。

　　她依旧努力地描写哈利·波特，有一箱子一箱子溢出的想法、名字和故事片段。罗琳对于写下来的东西逐渐有信心了，便开始郑重考虑写出这本小说。她想追随自己的作家梦，但也无法忘掉自己与别人不同所带来的内疚。

　　此时，罗琳深深地思考她的生活到底应该是什么样的，还有现在应该怎么办。她生活中的亮点之一就是那一年她在巴黎做助教。她当时很喜欢那份工作，而且认为现在也许还会喜欢。不管怎么说，她认为需要做点有意义的事情。

　　罗琳去国外教书的梦想最终还是实现了。1990年9月，她向亲朋好友宣布，将不再接烦琐的办公室工作，而是准备接受一份国外的工作，在葡萄牙波尔图城北当一名英语教师。对于这份远在他乡的工作，罗琳既兴奋又紧张，但她认为远离亲朋好友才能让她找到自我。

因此她收拾好行李，其中放有很多哈利·波特的写作笔记，吻别了父亲和妹妹，并答应会经常给他们写信。转眼间，她已经在去往异国的路上了。

虽然思乡，但罗琳很快习惯了葡萄牙的生活。她很快找到了舒适的公寓，并熟悉了这个国家、人民和习俗。她喜爱在古色古香的街道上闲逛以及她永远无法适应的葡萄牙的美食——牛肚。这个国家的人民很友好，而且天气总是阳光明媚且温暖，这与又阴又冷的伦敦形成了鲜明的对比。乡愁阶段过后，她开始适应了教师的生活。

罗琳的学生们立即喜欢上了她。当他们不再开玩笑地叫她"滚石"的时候，就聚精会神地听她讲述英语的美妙。这位非正宗的伦敦人，为学生学习的热情感到高兴，为上司对她良好的反馈感到自豪。另外使她感到高兴的是，教学日程的安排使她可以继续写作。"我下午和晚上工作"，她回忆说，"这样，我就有早晨的大把时间可以用来写作"。

哈利和他在魔法学校的冒险之旅正在缓慢且稳步地集

结在一起。小说前几页的情节在一波波的起伏中呈现。罗琳发现哈利的方式，就好像哈利发现他的魔法一样，是一种突发的热情，当每个字从她的脑海中变成现实，她会情不自禁地露出微笑。

当赫敏、罗恩、海格和邓布利多以及哈利众多朋友的身份，瞬间成为永恒的形象时，她会轻声地对自己笑。写哈利这些书最好玩的一部分，就是给人物取名。作为一直喜欢收集不寻常名字的她，很巧妙地创建着自己人物的名称。当想到贾斯廷·芬列里或比比多味豆时，罗琳甚至会笑到失控。

"让一个孩子逃离成人们束缚的世界，到某个他可以拥有力量的地方，这个想法真是吸引了我"，有一次罗琳在《波士顿全球报》的采访中承认，她在写第一本《哈利·波特》时的感受，"图书市场应该给这样的书留有一定的空间，这些书能够让你逃避现实进入另一个世界"。

她在创作期间，随着故事的发展，会很激动、兴奋，同时也会出现紧张、沮丧的感觉，她总在试图让所有关于哈利和他的世界变得更加完美。她承认开始的几年流过很多眼泪，因为描写孤儿哈利，使她想起了刚刚过世的母亲。

恶念也是罗琳在创建邪恶的伏地魔时需要处理的一

种问题。与创建那种经典儿童书常见的坏蛋——那种喧闹但没有真正的邪念的坏蛋相反，她决定在主角和朋友们遭受了真正残酷的伤害时，必须让读者真切地感受到，在哈利·波特身上遭受的一切来自邪恶的摧残。

令罗琳最关心的是，这本书的口吻。从一开始，罗琳就在两种选择间摇摆不定：是写一本典型的儿童书——一般这样的题材会比较迁就读者的口味；还是写一本大人也会想读的书？罗琳最终选择了后者。

尽管以这样的视角创作存在障碍和挑战，但是写这本书的过程一直使她充满着喜悦。这种喜悦也将帮助她克服偶尔袭来的孤独感。罗琳在同事面前既友好又活泼，却跟周围的男性保持着距离。虽然她在埃克塞特大学有过男朋友，但她从不认为自己漂亮，那几年也就没有考虑关于丈夫或组建家庭的问题。

但是当罗琳坠入爱河时，这一切就都变了。

她和他是偶然相遇的。他是葡萄牙一家重要电视台的记者。罗琳迷妹似的脸红着，立即被他的微笑和深沉的帅气吸引了。在他们开始约会并试着相处的过程中，罗琳还发现，他很聪明、敏感，而且对她很有兴趣。

他们的这次恋爱像旋风一般。在相遇仅仅几个月后，罗琳便和英俊的葡萄牙男子结婚了。

虽然很忙碌，但在结婚的前两年，他们的婚姻还是很温馨的。她的丈夫因为工作的原因常常无法回家，再加上她的日程安排，他们很难找到私下相处的时间。但罗琳在幸福中找到了灵感，这些在她对于工作的热情和哈利·波特故事持续的进展中体现了出来。

从最开始的那个简单的儿童故事，情节正在变得更为丰富。本应是一本给年轻人看的书，现在已经逐渐显现出成人世界里才会出现的深度。书稿中的人物就像在现实中实际地存在着。虽然主人公们是孩子，但他们做出的选择和表现比其他儿童故事中的人物要成熟许多。所以哈利在霍格沃茨冒险之旅的那些神奇的、大胆的情节发展，并没有使罗琳感到不安。

1992年，罗琳发现自己怀孕了。这对儿年轻的夫妇兴奋不已，私底下，这位未来的母亲也盼望着宝宝的出生，因为这将有助于弥补他们之间开始出现的裂痕。

可惜在婚姻生活的压力下，加上孕期体内荷尔蒙的变化，生活很快给罗琳带来了压力。在她心目中，丈夫总是在工作，不再表现出她第一次见到他时的和蔼。这些使罗琳变得抑郁、敏感，她会哭泣。而丈夫则尽力安慰她，但都徒劳无功。不幸的是，1993年，女儿杰西卡的出生，并没挽回这段破碎的婚姻。

"我当时非常沮丧，"罗琳在英国的新闻采访中痛苦地回忆道，"而且还有个婴儿使我感到倍加困难，感觉自己失去了自我。我当时很压抑，觉得自己一定要做点什么。"

罗琳和她的丈夫在几周的时间里迅速办完了离婚手续。她对自己的婚姻经历相当保密，拒绝透露丈夫的姓名或离婚的实际理由。她仅透露，"我在那场婚姻中，也做过错事。就算你有个聪明的脑袋，并不意味着你比别人更能控制你的荷尔蒙。"

罗琳身处困顿的局面里。她认为没有理由继续留在葡萄牙。在这里，婚姻的失败会继续使她感到压抑，而且作为一位刚刚离过婚，还带着孩子的女人，她在这里的发展空间是有限的。她打算回伦敦，但是要以离婚的单亲妈妈的身份回家，并不是她所期望的。

在离婚后的日子里，罗琳仍然平静和内向，尽全力地去照顾女儿，但是她动不动就会哭泣。而最糟糕的局面是，她没有机会继续写书。

在这段抑郁的时间里，她接到了生活在苏格兰爱丁堡，现在已长大成人的妹妹的电话。小黛建议她搬到爱丁堡，这样，她也可以在离家不远处决定下一步该怎么办。罗琳表示赞同，便带上了杰西卡、行李和当时已经写出来的《哈利·波特与魔法石》的前三个章节，乘火车去往爱丁堡。去爱丁堡的路程很长，也很孤寂。随着天气从阳光明媚，变得黑暗、凄凉，罗琳觉得这一切景观都完美地反映出了她此时的情绪。

虽然很高兴可以离妹妹近一点，但在抵达爱丁堡之际，罗琳再一次跌入了深深的绝望之中。"我带着个小婴儿，没有工作，还在一个陌生的地方。"她在《人物》中痛苦地回忆道。

住在英格兰和苏格兰边境的交界处那段时间，大环境对单亲妈妈非常不利。因为一个月前，英国首相约翰·梅杰做了一场演讲，谴责单亲父母都是在依靠福利、吃白饭的人。罗琳觉得这一演讲十分冒犯人。是的，她是一个有孩子的单身母亲，但也是一位才华横溢的大学毕业生。她一定能挣扎着浮上水面，早日脱离现在的境况。

当她带着杰西卡在爱丁堡周围溜达的时候，罗琳常常感觉到陌生人不友好的眼神，就好像都知道她是一位单亲妈妈。

一位名叫肖恩的人，像守护天使一样，决定借给罗琳足够支付她一度称之为"沉闷公寓"的租金。有了遮风避雨的地方之后，她再次面临进退两难的困境。她的内心呼喊着要完成《哈利·波特》这本书。但现在，她的梦想被睡在婴儿床上的那个"小惊喜"弄得错综复杂。

"我当时最怕无法继续写作，"她告诉《学校图书馆杂志》的记者，"如果我本来做别的就可以给她更好的生活却一定要坚持写作，那我认为这对于女儿来说，将是自私的行为。如果写作不能给她买新鞋，那么这种只考虑我要什么的行为就变得非常自私。我当时只求可以赚足够的钱，让我能够继续写作。"

圣诞节即将来临，但一年一度的节日气氛，只能让罗琳感到更加糟糕。因为她没有钱给女儿和一直支持她的好友们买礼物。她感到来爱丁堡是仓促的决定，因此计划返回伦敦，并愿意尝试在过年后另找一份工作。

一个雨天的下午，去看望妹妹的时候，罗琳一时兴起，开始给妹妹讲述哈利·波特的故事，就像在多年前讲述兔子的故事一样。小黛立即被故事吸引，并要求姐姐给她看看她所创作的故事。

"如果妹妹当时没有被我的故事逗笑，很可能我会将整个故事抛到一边，"罗琳在《每日电讯报》中对这决定性的一刻回忆道。

"但小黛的确笑了。"

第六章
黑暗与光明

    把妹妹逗笑是很久以来第一次让她觉得阳光、积极的经历，因为她受到了鼓舞，感到她的书可能在走该走的路。罗琳做了决定，也希望做的这一切将是她最明智的选择。

    罗琳清楚她很容易就能找到另一份教学工作，但要这样做，就意味着没有时间写作。她最后决定，要在一年内完成这本书，并尝试将它出版。

    罗琳心里知道，一但这一步迈出去了，就不可能再回头。她在故意不给自己好日子过。因为她意识到，自己已经用了几年的时间，走在写作的边缘，毫无进展。反正现在这种境况已经够糟糕的了，她再踏出一步，逼自己一把，结果也不会让她目前的状况更加恶化到什么地步。

    "我当时想，'就算再糟糕又能怎么样啊？'大不了英国的每个出版公司把我拒绝一遍，没什么。"她向《每日电讯报》这样解释说。

这样的想法给了这位年轻的母亲极大的力量，但在实现这一决定的过程中，她并不愚蠢。下定决心后，她知道，"我已经没有退路了，我不能写不出东西。"

她发现，如果一边工作、一边写作，虽然有资格领取政府援助，但没资格申请儿童抚育金。就这样，罗琳被迫失业了。罗琳在以后这样回忆到，当时，她发现了自己处在"可怕的贫困陷阱"之中，从中逃脱似乎是不可能的。

提交政府援助申请的整个过程，既屈辱又令人沮丧。她再次看到陌生人对她投来反感的眼神，从这些眼神里，她感觉自己就是个受人鄙视的东西。

"这可能是我生命中的最低点，"她在《波士顿环球报》中承认，"我的自尊跌落在地板之上。我不想让杰西卡这样长大，她成了激励我的灵感来源。而创作哈利则成了我的避风港。"

罗琳很快就发现，许多所谓的朋友突然不在了。他们对她投来奇怪的眼神，而且他们与她的交谈时，也令人感到紧张而且不自然。

但年轻的她也十分感激妹妹和几个朋友。当街坊邻居们都觉得罗琳只不过是个吃白饭的人的时候，他们依然支持

她。当她需要几英镑的救助时，他们会在她身旁。更重要的
是，有时写作进展不是很顺利，加上杰西卡的哭闹，这一切
令她自怜自艾时，罗琳周围就会有坐在那里听她倾诉心声
的人。

　　政府援助只够勉强支付房租和食品，因此罗琳被迫采取
各种手段省钱。有时晚上食物不够母亲和孩子两个人吃，罗
琳就选择饿着肚子睡觉。她没钱买打字机，即使是最老旧
的电脑，她也买不起。所以她就收集一张张的废纸，和任
何能找到的铅笔，用手写的方式，创作出哈利·波特的冒险
经历。

　　另一个问题是在哪里写她的书。她的住房补助只够租得
起一间又冷、又令人沮丧的一居室公寓。这是一个很难激
发出幻想的地方，更不是罗琳想要杰西卡度过早期生活的
地方。一位挣扎中的作家和母亲，仔细思考并很快制定出了
既能写作，又能使宝宝感到高兴的巧妙方法。

　　她每天会用婴儿车推着杰西卡在城里一圈一圈地走着，
直到孩子睡着了。之后她会走向当地的咖啡馆之一，在那里
以一杯浓缩咖啡和一杯水的价钱，便可以在女儿睡觉的时候
坐下写上几个小时。许多年后，当罗琳回忆起来，都会惊讶
于自己在那些短暂的时间里，竟然做了那么多事儿。

一个她经常去的地方，便是尼科尔森咖啡店，该店铺的一位合伙人，杜格·马克布莱德，记得自己总会在工作过程中抬头看看她，这时候一定会看到罗琳在角落的一张桌子上奋力写作。"她形成了一个很奇特的情景，"他在《人物》中回忆，"她会用一只手推推婴儿车，另一只手则不停地写。"

偶尔，罗琳会因过于疲劳或天气太过阴暗，而无法带杰西卡外出，因此她被迫在公寓里写作。这些时候的罗琳就会感到事情糟得不能再糟了。

经历所有这些困难的同时，罗琳也在她的小说创作中找到了喜悦。当一页一页的纸稿逐渐累积起来，《哈利·波特》成了她想象中的白色骑士，纠正她在现实世界中无法改变的、幻想世界中的一切对错。当她创造伏地魔的最新残酷事件时，她的眼神会随着故事的发展而变得坚毅，她的嘴唇则会抿紧。当然，还有聪明年迈的邓布利多，他的每一次出现，都让她心中充满了欢愉。

"我并没怎么觉得这是本儿童书，"她在《新闻周刊》中回忆关于她在写《哈利·波特与魔法石》时的心情，"我其实是写给自己的。这是我所感兴趣的，也是我喜欢的。"

正如她所希望的那样，创作《哈利·波特与魔法石》在心理和情感上帮助她度过了艰难的时期。当临近创作完成时，她的那些旧时的不安再次汹涌袭来。要完成她的作家梦，罗琳得豁出去一切，将书稿发送给出版商，那些是可以眼都不眨一下地，就摧毁她的梦想的人。

当她决定这是一件值得冒险的事以后，罗琳接下来需要考虑的是，要弄清楚如何将作品出版。她曾听说需要找一位代理人，才能使作品被出版社接受。现在她要做的便是找到一位代理人。

她的第一站是当地的图书馆，在那里找到一本包含代理人的名称和地址的作家指南。罗琳仔细翻看了指南，并编制了一份她觉得可能是最愿意接受她的书的代理人列表。

《哈利·波特与魔法石》在1994年就已经完成。罗琳仔细地校对手稿，一次一次地修改和打磨，直到这本书完全符合她的期望。

由于复印一本8万多字的书的价钱贵得令人望而却步，罗琳想办法购买了一台便宜的打字机，并用其打出了小说的两份副本。

之后她将这两份副本发给了她列表最上面的两个代理人，并期待着好的结果。

1994年成为罗琳生活的转折点。她已申请并收到苏格兰艺术委员会的一笔补助金。这笔钱足够让罗琳在白天给杰西卡找到适合的儿童看护服务。被此情况鼓舞，她开始寻找工作，很快就在爱丁堡找到了一份法语教学工作，她先在勒斯学院，之后在莫雷内部培训大学，担任一名法语教师。如她自己所说，在身无分文地来到爱丁堡的一年后，现在终于能够自给自足，不再依赖福利。

　　罗琳感到自己正在浴火重生。

　　她在闲暇的时间里，仍在继续考虑《哈利·波特》，并很快有了第二本书的故事情节。她超级希望有可能出版第二本书。可是，到目前为止，没有任何进展让她觉得这一点有一丝实现的可能性。

　　"我真不知道书稿会得到什么样的反应，"她在《学校图书馆杂志》上解释说，"在这之前我从来没考虑过出版，想要出版图书会面临很多困难，就算它有一天确实被出版了，我依然是一位完全没有名气的作家。"

　　一天，她的信箱收到了一封信。罗琳一眼就看出来，这封信来自她将哈利书稿所发送给代理人的其中一位。能收到回信，她很激动。当她撕开信封……

　　"我以为这肯定是封拒绝信。"她在《每日电讯报》中回忆道，"但这封信说'谢谢您，我们将很高兴独家代理您的手稿'。这是我这辈子收到的最好的稿件。我将它读了8遍。"

克里斯托弗·利特是个在商言商，精明的生意人。但这份由一位无人知晓的作家撰写的，而非邀约的书稿感动了他。它写得很好，故事很精彩，而且就像罗琳一样，他感觉到《哈利·波特与魔法石》不仅仅是一本儿童书。

见到罗琳本人后，利特也很佩服她的创作热情和她在严峻困难下将这本书完成所经历的艰辛。他欣赏她对于现实的把握。根据他的经验，利特先生知道，大多数儿童文学的作者，一年才勉强挣2 000英镑（大约合4 000美元），而且很少能成为众所周知的重要作家。

"当我走进这里，我的代理人对我说，'我希望你在结束这次会面时，不要以为你要发财了，'"她向《学校图书馆杂志》如是说，"然后我说'我知道我不会从中赚多少钱，我知道我不会成为著名的作家。'我只是希望有人能将哈利出版，这样我就可以去书店看到它。"

利特先生开始将《哈利·波特与魔法石》寄给英国一些最大的出版社。正如他所说的那样，这是一条漫长而艰难的道路。不久后，前几封看似无休止的拒绝信回到她代理人的门口。某些不愿意出版这本书的拒稿原因，是它太冗长、太慢、太文学。这些使罗琳感到失望，但利特先生会给她打气，说这本书太好了，早晚会被看上。

罗琳继续担当母亲和教师的角色，并试图忘记哈利所受到的出版界的并不热情的接待。但在此后的一年里，她发现自己经常幻想她能在本地书店的橱窗里，看到自己的书。在幻想实现后的很多时刻，她发现自己能笑着回忆生命中带她走到这一终点所发生的一切。

1996年，《哈利·波特与魔法石》最终找到它的安身之所——英国的布鲁姆斯伯里出版社。得到消息后罗琳欣喜若狂，"只有女儿的出生可以与它相提并论。"

正如利特先生预测的，布鲁姆斯伯里出版社出资2 000英镑。

"这对我来说完全没问题，"关于布鲁姆斯伯里出版社对哈利的接受，她这样描述当时的反应。"我只希望能够支撑我自己的写作，并使我不必放弃。"

跟平常一样，在出版业中，《哈利·波特和魔法石》的口碑还是很不错的。在布鲁姆斯伯里出版社购买该书版权的几个月内，来自各地出版商的询问，开始纷纷涌入。

到1997年，人们对于这本毫无知名度的作者所写的儿童故事的兴趣已达到如此之高，在意大利博洛尼亚的年度书展（一年一度图书行业聚在一起拍卖外国书籍的版权）拍卖会上，安排了一场关于她的书的拍卖。罗琳对《哈利·波特》在她的祖国英国的出版，已经感到兴奋不已，因此她并未怎么注意国外的动静。

她在《沙龙》杂志里笑着回顾说，那天晚上8点左右，她家的电话铃声响起。那是利特先生从纽约打来的长途电话。

"他说有一场拍卖正在进行。一场拍卖？我想到的是苏富比、克里斯蒂拍卖行（著名的古董拍卖行）。古董吗？这是怎么一回事？然后我意识到这是我的书在被拍卖。"

在这个时刻，数千英里以外，在博洛尼亚书展一个拥挤的房间里，主编阿瑟·A.莱文将要进行一次他这辈子最大的赌博。《哈利·波特与魔法石》的投标极为紧张，而且美国开出的价钱已经到了空前绝后的数字。莱文——一位脸上永远挂着微笑且心态乐观的人，将要做出一次永远改变他命运的投标。

"当你不断地报价，所涉及的标的走得越来越高时，这绝对是一件可怕的事。"莱文对《纽约时报》说道，"我喜爱这本由一位身处苏格兰的不知名女性写的小说，想将它出版是一回事，投标越来越高是另一回事。你有多么喜爱这本书？50 000美元还喜爱吗？然后，70 000美元的时候呢？"

莱文所关注的标的又回了他那里，他所要面临的决定是提交一次前所未闻的100 000美元的报价。"我从来没有为了获得一个东西报这么高的价。这面临着一个很大的风险。如果人们相信你，你却做不到，那就相当于自己走上跳板，然后往下跳。"

利特在那天晚上10点再一次打电话给罗琳。"他说我应该做好心理准备，因为学乐出版社的莱文先生，愿意为这本书支付一个6位数的报价，并且他一会儿将给我打电话。我差点儿没吓死了。"

在爱丁堡公寓里的罗琳越来越紧张。她感到既激动又害怕。她本希望，在理想的情况下，一个不多不少的美国版权售价，可以支持她继续写作，并且只需要偶尔教教课。但她感到，事情似乎正在以谁都没想到的速度运转。

电话铃准时在午夜11点响起。该线路的另一端，莱文决心不要给他的新作者任何不适当的压力。但他打招呼的声音依然控制不住激动地颤抖着。

"我打给她的时候已经很晚了，"他告诉《纽约时报》记者，"我们进行了一段愉快的对话，"我说，"不要害怕。"她说，"谢谢，我挺怕的"。我们都说现在既然已经付出了这么多，我们必须集中精力使这本书卖得好。

当罗琳去看完睡梦中的女儿，终于上了床的时候，早已过了午夜。"但我睡不着。在某种程度上，我显然是很高兴，"她告诉《沙龙》杂志记者，"但更多的，我只是被吓蒙了"。

第七章
哈利征服世界

　　在与学乐出版社签完合同的几周后，罗琳确实有很好的理由忧心忡忡。

　　该书所涉及的金额在儿童图书出版界是闻所未闻的。有小道消息说，莱文和学乐出版社已经失去了理性。许多末日论者预测到，不管这本书有多好，它也肯定无法收回成本。

　　罗琳的代理人和莱文向她保证，学乐出版社是不会付出大量的金钱给他们认为会失败的书籍的。罗琳并没被完全说服，但这只是她的问题的一部分。

　　这位通过一本儿童图书而获得闻所未闻的预付稿酬的作者迅速风靡世界。平日里就很羞涩的她，现在正在被多次访谈的请求所淹没，她的照片也开始出现在报纸和杂志上。而且出现这种现象时，她的书还未正式在英国发行。

　　如果能自己选择，罗琳不会做任何宣传。但她对那些给予她这次机会的人有一种强烈的忠诚感，所以她同意了他们对她的每一个要求。

"利害关系似乎已经上升了很多。"她在1999年和记者讲述了关于她和学乐出版社签约后，这些令人兴奋日子，"我吸引了大量的公众注意，这是我完全没有预料到的。"

罗琳并不怎么喜欢变化，住在令人窒息的酒店客房，或接受电视台的采访，这些行为都违背她的本性。所以，当她开始接待媒体时，在可能的情况下，她会温和地坚持，采访地点最好设在她熟悉的尼科尔森咖啡馆的那张桌子处举行。

在这些访谈中，一大群男女服务员就站在旁边倾听着。当罗琳描述她如何在最困难的时候，坐在这张桌子上坚持写作，服务员们会微笑。他们中的许多人在她生活窘迫的时候为她服务过。现在他们十分骄傲，因为他们的老顾客成了知名作者。

最初，她并不愿意接受访谈。罗琳的回应不是很流利，也不知道这会给其他人造成什么样的印象。她只知道如何实事求是地回应媒体，之后让媒体自己去理解。

很多早期宣传把罗琳放在了防守的立场。在许多报纸和杂志的采访中，记者们将她描绘成了一个身无分文，靠福利生活，没事在咖啡店写写东西，还是一个离过婚的单身母亲的形象。对于报道的准确性，她没有任何异议，因为这是真的。但这个负面形象给了她很大的打击，并且强迫她不停重温人生中最悲惨的片段。

罗琳很快澄清，她自 1990 年起从事有报酬的工作。她需要福利的唯一原因，是开始写哈利的时候，如果她不通过福利系统，爱丁堡不会提供免费托儿所。她坚定地说，关于依靠福利，仅仅是在她完成哈利的那一年。

《哈利·波特与魔法石》在英国出版的时候，罗琳发现，出版商还要她做出另一个妥协。他们担心一本有女子姓名的封面不会吸引男孩儿，询问她是否介意被署名为 J. K. 罗琳。她认为这是一个奇怪的请求，但觉得顺他们的意思也没什么不好的。

1997 年，《哈利·波特与魔法石》在英国发布。该书瞬间热销，短短几个月内，销量超过 150 000 本。评论家们对这本书赞不绝口。

一位批评家说道："这本书无懈可击，有新意、有新奇的故事情节。"另一位评论家说："罗琳为我们神奇地展现了体育活动、学生竞争和古怪的教师，这些为她美妙的故事增添了幽默感、魅力和乐趣。"

到了这一年底，《哈利·波特与魔法石》收获了大量著名的图书奖项，其中包括雀巢聪明豆图书奖、联邦儿童图书集团奖和英国年度儿童书图书奖。1998年，此书的销量已经达到50多万册，这在儿童书出版界是闻所未闻的。

罗琳感到既兴奋，又不可思议。她强烈地想回答在孩童时期，经常会问的问题——为什么？"我想这主要是靠口碑相传，"她在伦敦《卫报》中提到关于哈利的成功，"我想儿童们对于自己喜欢的书会相互交流。"

但她的确觉得之所以如此多册的书被售出是因为有很多成年人正在将书迅速买走，想到大人们和孩子们一样渴望阅读哈利的冒险故事，着实让她觉得好笑。比如，她列举了从一位朋友那里听说的故事。他讲述了火车上一位西装革履的男人用报纸做掩盖，藏着一本《哈利·波特》偷偷地读。

"我，没有把这本书特地写给孩子看，"她曾经说过的，"我只是写给我自己。"

她在美国版权拍卖交易中获得的收益以及另外 8 个国家的收益陆续地到来，罗琳慢慢地开始调整心态，她意识到自己不再是穷人了。啊，那可不是很容易就做到的。她曾苦苦思索很长一段时间，来决定是否购买一件100英镑的外套，好体面地出现在电视上。

由于《哈利·波特与魔法石》在英国的成功出版，加上该书在美国也即将出版，罗琳决定是时候将贫穷抛在身后了。她做的第一件事就是在爱丁堡租套房子。那不是个多么奢侈的房子，只是房间敞亮，有暖气和舒适的家具。然而，对于罗琳来说，这里简直是天堂和放松之地。"我不需要再担忧有没有钱给杰西卡买下一双鞋，来淘汰现在的鞋。"她在《每日电讯报》中曾这样感叹。

罗琳在《哈利·波特与魔法石》出版前，就已经开始努力创作下一本。所以，当她没在处理日益增长的访谈需求或照顾女儿时，罗琳在创造一页又一页的故事，最终将它命名为《哈利·波特与密室》。她现在能够买得起电脑，而且杰西卡也到了每天有部分时间上学前班接受教育的年龄，罗琳的创作方式并没有被影响。

每天，与女儿吻别，道过再见后，罗琳会走到尼科尔森的咖啡馆，拉出一把靠楼上窗户的一张桌子旁的椅子，拿出纸和笔，开始写作。在她的书出版后，第一次回到咖啡馆写作时，经常服务她的服务员着实被她沮丧地坐在那里要菜单的样子吓了一跳。她继续在此写作的原因之一，是她不愿意独自在家面对电脑，那会让她感到十分孤独。

"写作和咖啡店在我的大脑里可以产生强烈的共鸣，"她最近向媒体宣布，"我仍然手写我的书。我喜欢用手抚摸自己书稿的感觉。"

1998年8月，当《哈利·波特与魔法石》在美国出版的时候，《哈利·波特与密室》已经接近完成并准备出版。在英国出现的《哈利·波特》狂潮，很快就在美国重演，儿童和成人都爱上了哈利和他的冒险之旅。

罗琳的第一本书已在近30个国家分别出版。她会笑看所写的图书被翻译成不同语言，并且，在某些情况下还有不同的封面。在每个新的版本出现时，她的幸福感都会增加。

大西洋两岸的出版商现在确信，《哈利·波特》的成功并不是侥幸，所以他们很快敲定合同，要求罗琳在未来几年写出一共7本《哈利·波特》系列的书。罗琳兴奋不已。可是，之后她又被吓得半死。

从现实意义上讲，有了一份这么长期的合同，意味着她和女儿在经济上几乎有了永久的保障。但也会出现她说的"几个星期的恐惧"，因为对于是否可以用同样的热情写剩余部分，她并没有十足的把握，而现在全世界都在期待哈利·波特新的冒险之旅。

为了减轻对文思枯竭的恐惧，罗琳坐下开始起草剩下的5本关于哈利·波特系列图书的大纲。她悉心盘算出故事线和每个冒险的具体内容，还有青年人和老年人将从中提取的哲理。在策划结束后，罗琳自信她有能力完成哈利·波特的受教育生涯。

"我终于意识到了什么对我来说是最重要的，"她在《波士顿环球报》中说，"我喜欢写这些书。我不认为任何人对于阅读的享受可以强过我对于写作的享受。"

《哈利·波特与密室》出版于1998年7月，并与前一本书一样，立即轰动了全世界。仅仅在英国，它就已经超越了成人作家约翰·格雷斯翰和汤姆·克朗西最新小说的销售量。

罗琳仍在感叹人们已经将哈利·波特和他的世界融入心灵和思维的方式。但她也发现，书的畅销开始让她的生活变得复杂。她已经在创作第三本书《哈利·波特与阿兹卡班的囚徒》，但是罗琳发现，她所拥有的属于自己的时间更少了，因为她要接受访谈、签名售书、作讲座和去学校巡讲。

罗琳在这些方面的想法还是很积极的，在签书会和拜访学校的时候，她喜欢见到读者。"作为一名曾经的老师，站在教室里逗孩子们开心，是一件如此快乐的事，尤其当他们读过你的书，熟悉其中的人物，还可以讲解其中的片段。"她在《卫报》的采访中如是说。

但也有一些时候，她发现事情不随心意，会被急得泪流满面。在一次似乎是无休无止的一轮围绕《哈利·波特与密室》的宣传期间，罗琳在一所伦敦酒店退房时遇到了问题。最初酒店不让她退房，因为电脑记录中没有她的名字。最终，酒店的经理找到了她的名字，尽管这样，还是不能让她离开，直到她结了账为止。这使平常遇事冷静的罗琳感到十分不愉快，因为她知道自己的出版社已经支付了全部金额。

当酒店的混乱终于被理顺了，她跳上一辆出租车，急匆匆地去接受记者采访，因为此前的耽误，她已经迟到。路走到一半时，罗琳意识到离开酒店时没带钱包。

这一切实在太让她受不了了。罗琳哇地哭了出来，这可真是吓坏了出租车司机。

大多数的时候，她的幽默感和阳光的性格，使罗琳习惯了成为大众人物。她感到异常的幸运，因为这个结果来自她不愿放弃梦想。所以，她会参加采访并与别人谈论哈利，她会一直不停地说着。

在一天即将结束时，她会愉快地回家照顾杰西卡。抱着小女儿，寻问她在学校的一天，罗琳感到自豪，自豪是因为作为母亲，她终于能够提供给杰西卡安全而且良好的生活。

如果有时间，罗琳就走去尼科尔森的咖啡馆，在那里她可能会抽出一些写作的时间。她有时会点咖啡和水。也会时不时地拿起菜单……

考虑点一些东西吃。

第八章
哈利永存

1998年末，《哈利·波特与阿兹卡班的囚徒》出版。因哈利而引发的狂潮仍在继续。该书立即跟前几部一样迅速进入全世界的畅销书名单。

记者再次聚拢过来，希望从这位写出奇妙历险记的文静作者那里能找到《哈利·波特》持续取得成功的秘诀。罗琳再次发现她很难找到什么方式，可以在回应采访中不用"感到震惊和惊喜"这类词汇。

令人高兴的是，罗琳依然十分愿意尝试再想一想。"从一个贫穷不知名的作者，变成了这套畅销书的作者，现在想来，我仍然觉得真是不可思议，"她经常这样告诉记者。

但不是所有的消息都是好消息。许多宗教团体认为，《哈利·波特》系列书籍提倡了邪恶的想法和概念。许多此类团体给报社写信，抗议这本书，列举原因，要求图书馆和书店将此书全部撤下来。

罗琳为他们的举动感到非常气愤，但还是选择了不理他们。抗议的风波也随着时间而沉没。

罗琳悄悄地和一小群朋友庆祝1999年的除夕夜。在午夜钟声响起时，她举杯致辞，感谢她的好运和好朋友们。她只能想象一下未来的一年里即将会发生什么。

很快，她便做出了一个新年计划。没有人说过罗琳是工作狂。但鉴于每本《哈利·波特》出版的速度，人们不禁要问罗琳除了写作还会干什么。她曾多次表达过，写作是她最喜欢做的事。但是，她决定，她和杰西卡都需要隔三岔五地休息一下。所以她开始安排去邻近的国家做简短的旅行，和杰西卡一起参观各种景点。在旅行期间，她会通过电话与爱丁堡保持联系。

不容置疑，好莱坞也很快迷上了哈利。制片人们立即看到了《哈利·波特》被改编为电影的可能性。十几个电影制片公司都在积极地尝试购买《哈利·波特》的电影改编权。罗琳又一次通过电话听到利特向她传递关于电影合同的最新信息。但电影合同和图书出版合同不一样，往往需要拖很长时间，所以罗琳从容地继续创作她的第四本《哈利·波特》。

　　在同一年里出了两本书，罗琳有了更多的时间来创作最新的探险之旅。出版商有些担心两本书一个接着一个的这样连续出来，可能会给他们最喜爱的作者带来压力。可是，罗琳的确挺急，在看似无休无止的媒体和公众关注中，她希望尽快地回到创作中，为众多的粉丝再创作一个令人兴奋的哈利·波特的冒险。

　　她的习惯没怎么改变，虽然知名度令尼科尔森咖啡店突然成了旅游景点，被那些来看她工作的人，呆呆地注视着，罗琳偶尔也会感到不好意思。但她仍会找时间在那里坐下来工作。出于必要，有时也在其他的咖啡店和酒吧进行写作，但是她明智地拒绝提到这些商家的名称。

　　无论她去哪里奋笔疾书，写作依然顺利。书中的人物已成为她的第二家人。她知道什么能写出来，什么会显得虚假。给另外一个世界里新的人物起名字依然是最令她开心的事情。但罗琳不得不承认，关于这本书，有的事情已经开始改变了。哈利和其他人物已经渐渐进入青春期了。她觉得是时候让哈利发现女孩子的魅力了。

　　对于罗琳来说，这是一件令人兴奋的事，一件让她重新利用自己的青春期作为创作蓝图的事，她决定让哈利第一次注意到周围不仅有好朋友，而且还有女孩子的时候，他应该如何做出反应。写哈利从来都不会无聊，现在却有额外的兴奋，使她在每个自由的时间里，抓起笔和纸继续写作。

2000年新年前，罗琳带着杰西卡在伦敦的希思罗机场搭乘一架飞往美国的飞机，即将展开一段为期3周的图书之旅。对于罗琳来说，这是令人激动的时刻。她已听说前3本书在美国如何风行，但她急于见到美国读者们，想亲自从他们脸上看到读者们对于她书籍的喜爱和兴奋的样子。

在全国巡游的每一站，罗琳和数千名粉丝的关系都犹如老师和学生。她会鼓励他们尽可能多读书和写作。会笑着回答那个不可避免的关于她的名字怎么发音的问题，她会说："是'罗'琳，不是'劳'琳。"这位拥有简单品位的女人，已经喜欢上了她明星般的待遇，包括豪华轿车和每一站的诸多安保。看看罗琳脸上的表情，真的胜过千言万语。但只有一个词是真的有必要说……

那就是喜悦。

2000年继续为罗琳带来成功。《哈利·波特与火焰杯》一书定在2000年7月8日出版。华纳公司也在这一时期宣布，他们已经拿到了《哈利·波特与魔法石》的电影改编权。最初华纳公司表示，史蒂芬·斯皮尔伯格有兴趣导演这部电影。但他稍后退出了项目，说"我的导演兴趣将我带向另一方向"。最终，华纳公司做出选择，并安排优秀的导演克里斯·哥伦布和编剧斯蒂芬·科洛弗负责将罗琳的梦幻世界搬到大银幕上。

罗琳同意将合约给华纳兄弟公司的条件是她会介入电影剧本编写，而且这部影片必须由真人演出，而不是动画版本。但当电影公司正式宣布《哈利·波特》将会在2001年的夏天在电影院首映时，她不得不承认，一想到哈利将出现在超大的屏幕上，她还是挺紧张的。"这实际上是一种兴奋和紧张的混合，"在网站访谈中，她承认听到好消息后说，"我认为哈利将会是部很好的电影。但显然我对自己的小说人物有一种保护情节，毕竟他们跟我在一起这么长时间了。"

3月，哥伦布导演乘机飞到苏格兰，在那里和罗琳会面。会面后，两人对电影都表示了兴奋之情。"我极为的兴奋，"哥伦布在《洛杉矶时报》的报道中说，"一年多以前，我的大女儿，10岁的埃莉诺，向我推荐了这本书。从我的4个孩子以及他们的朋友那里，我听到了很多关于这部电影应该是什么样的建议，比如，如果我把这个或那个场面剪掉，我将会如何破坏它。我不会让任何人失望。这将是一场忠实于原著的改编。"

对于自己突然参与电影行业，罗琳也表现出高昂的兴趣。"我比想象中要更有参与性。已经等不及看他们如何制作一场魁地奇的场面。"

《哈利·波特与火焰杯》的宣传在官方首映日的前几天，已经达到了空前的规模。这种时候，罗琳并不想再次回答更多相同的问题；她在这几个月中，除了重要的采访，拒绝一切外界干扰，以确保她有时间写作。

出版商明白了她的暗示，在春季晚些时候宣布罗琳除了将在伦敦接受一次90分钟的采访以外，不再做其他任何访谈。记者很快从世界各地飞来伦敦，抓住机会询问世界上最受欢迎的作家各种问题，这些问题包括她的新书和生活。

要一次面对这么多记者，罗琳有一点紧张，担心这种大规模的记者招待会场面容易失控。会议的大部分还是不出预料之外的。里面通常会被问到的问题有，为什么哈利如此受欢迎？她在爱丁堡是如何熬过各种艰辛，以及如何看待成功？罗琳轻松并简明且幽默地回答了他们的问题。但在回答问题中，她也会提到一些令人惊讶的内容。

罗琳透露，在第四本书中，有一位重要的人物会死去，而哈利将经历人生的第一次心动。另外作者还指出，在第五本书中，读者将会明白为什么哈利在假期总要跟可怕的德思礼一家居住。

神秘兮兮的作者还提示哈利的父母将不会回来，因为她很久以前就已经决定，魔力不可能起死回生。但她也暗示大家，哈利的父母仍会是未来书籍中重要的一部分。

她在离开记者招待会时感到很宽慰，因为写作中最艰难的一部分，她已经熬过去了。现在她可以回到充满乐趣的部分……

写作本身。

当7月8日越来越近的时候，罗琳还在继续担心。在这一刻，所有人都认为《哈利·波特与火焰杯》会和前几本同样大卖，甚至有超过前3本的可能。但罗琳从来不是把任何事情都能想当然的人。

最后的日期终于到了，当她最新的哈利·波特历险记在英国和美国同时出售时，罗琳将手指交叉，紧张地等待着。在几个小时内，首发销量报告被传过来。书店在不停地卖，而且已经在打电话重新订购。几天内，这本书就上了全球畅销榜。罗琳松了一口气。

因为哈利·波特的魔法依然存在。

夏季的剩余时光，罗琳是在静怡中度过的。她已开始努力创作哈利系列的下一本图书。她很快乐和健康，还有个美丽的女儿需要她来引导。

但随着第五本书的创作开始，结局已出现在眼前。7年的学习之后，哈利·波特将在2003年左右，结束他在霍格沃茨魔法学校的学习并毕业。虽然她会偶尔逗弄记者们说，她从没说过不可能让哈利继续大学教育，但她内心仍然坚持《哈利·波特》将在第七本书中收尾。

她承认每次想到哈利有一天会结束，自己也会感到悲伤。她也承认当写完最后一页的最后一行，将会经历"亲属丧亡之痛"的感觉。但她坚持，"绝对不会有哈利·波特的中年危机或哈利·波特成为老魔法师"。

接近2000年底的时候，罗琳无比幸福。她的生活已经远远超出了她的期望。她有一个漂亮的女儿，而且以自己最爱的事情作为谋生手段。她对生命中没有出现合适她的男人并不感到悲哀。她的看法是，如果另一半出现，她也会非常高兴。

"但这不是我最看重的，"她告诉《沙龙》杂志，"现在我的生活很充实"。

虽然她在哈利·波特完结之后的命运还未知，但她很清楚，她将以写作为主。这是她所知道的一切，而且她认为用笔在纸上创作，对她来说是必要的。罗琳曾经承认"如果有一段时间不能写作，我浑身都不自在。"

罗琳曾多次暗示，在哈利系列完结之后，下一步将会写更多的成人小说。但她很清楚，很可能永远不会再写出任何能同哈利相提并论的作品了。对此她并不觉得有任何不妥。

"我和哈利一起生活了 13 年，我知道，可能需要一些时间抚平自己的伤心与悲痛，但这之后，我将继续写下一本书"。

接下来将会是什么样的一本书，是任何人都无法猜测的，包括罗琳本人也不能预料。但她知道，她该去哪里寻找灵感。"我也许会坐上另一班火车。"

第九章
天使的青睐

　　1999年7月，两种场景正在同时展现。在苏格兰爱丁堡的家里，罗琳没日没夜地工作，尽全力完成《哈利·波特与火焰杯》。她拒绝了所有的采访，而且避免任何事情来分散她的注意力，或者可能阻碍她完成哈利·波特的第四部冒险的事情。

　　她日益高涨的名声和地位，使她不得不改变写作模式。在家中作为办公室和创作室的安静房间里，她的创作被越来越多不断响起的电话铃声打断。虽然她仍然会花很多时间在她最喜欢的户外餐厅——尼科尔森咖啡馆写作，但这一信息的外泄，使她经常被观光者请求一起合照或签名。最后，她开始在周围其他餐馆写作，试图找时间来完成《哈利·波特与火焰杯》一书。罗琳发现对付出名这样的事情，并不容易。

同时，在加拿大的多伦多，9岁的娜塔莉因白血病正在一步一步被死神带走。

娜塔莉是《哈利·波特》的超级粉丝。从一开始就生活在罗琳编织的故事中，也正是哈利·波特的幻想，帮助这位小姑娘顽强地对抗疾病的痛苦。一位朋友安妮·启德想要为娜塔莉做一件特别的事情，使她最后的日子更加愉快。她认为，如果小姑娘能收到她所崇拜的作者的消息，一定会无比快乐。

安妮找到了罗琳在伦敦出版社的地址，并发送了一系列的信件、电子邮件和传真，解释娜塔莉目前的糟糕境况，希望得到作者的某种回应。出版社的人被安妮的诚意深深地打动。尽管罗琳严格地要求她在完成《哈利·波特与火焰杯》时不希望被打扰，但他们认为，这种衷心的请求是她想要回应的。最终，安妮·启德最新的信件，被转发到罗琳在爱丁堡的家。

罗琳当时没有在家，所以没有收到。

当时的情况是，经过长时间、高强度的写作，罗琳觉得她需要休息一下，所以决定7月中旬到西班牙短暂度假。安妮的信件在她走后的第一天抵达。当她结束假期返家，读的第一封信就是安妮发来的。知道小粉丝遭受癌症之苦，她感到悲痛和伤心，立即决定要为她做点什么。

"但我有一种不祥的感觉，我已经太晚了。"她告诉《麦克莱恩》的记者。

罗琳给安妮·启德打了电话，但她不在家。她立即写了一封长信和电子邮件，发送给娜塔莉和她的母亲瓦莱丽。电子邮件在1999年8月4日被收到。

令人遗憾的是，罗琳事后发现，她的信件到得太迟了。娜塔莉8月3日去世。

但安妮还记得罗琳信中充满善意的话。她对这位将死的女孩充满了尊重，并亲切地和她讲述她写的书与书中的人物。在这封信中，罗琳也向娜塔莉揭晓了《哈利·波特与火焰杯》中的情节和秘密，而这本书最终出版在11个月之后。

这本可能是个非常悲伤的故事结局。

但罗琳对这件事另有想法。作为书的作者，她对未能在小姑娘生命最后的日子里给予其安慰而感到肝肠寸断，她被娜塔莉在艰辛中仍保持着对哈利·波特的喜欢而深深地打动，她决定将这个从未见过的女孩写进《哈利·波特与火焰杯》里，来祭奠她。所以在火焰杯的159页中，罗琳创作了一幕——分院帽将一位一年级的女生娜塔莉·麦克唐纳，分到哈利所在的格兰芬多。这是罗琳在《哈利·波特》

系列图书中唯一一次使用了一个真人的名字。

在收到罗琳写给娜塔莉的信后，母亲瓦莱丽回函感谢作者对她女儿的付出。罗琳被瓦莱丽的信件感动，两人之间从此开始经常联系。当信件在加拿大和苏格兰间变得的越发频繁时，罗琳发现她在瓦莱丽身上找到了与她相同的精神——就像罗琳一样，她也曾经经历过爱人的死亡，并能理解作为母亲的困难。当《哈利·波特与火焰杯》的出版期渐渐接近，罗琳和瓦莱丽决定在英国碰面，来加深她们之间的关系。因此在 2000年7月，瓦莱丽、她的丈夫和另外两个女儿前往英国与罗琳会面。

罗琳不清楚此次见面会是什么样。她始终是一个非常注重隐私的人，这种友谊突破了她的常规。但她们两人信件中的仁慈和爱心，在罗琳的心里扎了根，因此她对于和这位女士碰面感到很轻松自在。

两位女性的相遇是欢乐、又苦、又甜的时光。有拥抱、欢乐、幸福的眼泪，这些都是为了一个孩子，一个瓦莱丽失去了的孩子，尽管罗琳从未见过这个孩子，但是她在心灵上与她却是相同的。

当瓦莱丽和家人在伦敦乘坐地铁观光游览该市的时候，她突然间发现了罗琳对娜塔莉的秘密祭奠。坐在地铁车厢中,为了消磨时间,瓦莱丽开始给女儿们阅读《哈利·波特与火焰杯》。你可以想象当她翻到159页,突然发现罗琳是如何祭奠娜塔莉的,她是何等惊讶!

娜塔莉·麦克唐纳虽然去了天堂,却也活在罗琳的心里,她将永远生活在霍格沃茨魔法学校。

第十章
霍格沃茨快车

2000年7月8日，一辆浅蓝色的轿车停在了伦敦国王十字车站。车里的罗琳仍然揉着睡意蒙眬的眼睛。她已经开始想念女儿——正在妹妹小黛家里熟睡的杰西卡，而她则需要赶火车。

罗琳向窗外望去，看到了一片混乱的状态。整个摄影师团和记者军团站满了火车站，电视摄像机互相争夺着位置，人被推推搡搡至各个方向。报社人员身后，路障阻挡着300多名儿童和他们的困惑的父母，在清晨冒着寒气的时间里，就为有机会看到他们最喜欢的作者。

令人遗憾的是，虽然摄影师和记者有自由发挥的地方，但是孩子们却被控制在原地，哪怕想看一眼罗琳，也是很难的。

当她手持一本全新的《哈利·波特与火焰杯》从车内

出来，从一组摄影师的方向响起一阵呐喊，央求到："挥挥手，乔！"对于罗琳来说，她不喜欢大早上就得应付这种事。她转了转眼珠，犹豫片刻，还是勉强地给了摄影师们一个皮笑肉不笑的表情，又给了一个不走心地挥手，周围的闪光灯便像闪电一样狂闪。

"真是挺疯狂的，不是吗？"她开玩笑的对不停给她照相的摄影师们说。"如果我能摆脱你们，真想跟孩子们聊聊。"

说着，罗琳突破前排的摄影师队和记者队，向那些孩童的方向走去。可惜的是，她被公众关系人员止步，再一次迎向了等待她的摄像机。

"我很抱歉，"她被催走时，冲孩子们喊道，"我不被允许这么做。"在个人助理和英国出版公司代表的包围下，罗琳通过火车站走到9又3/4站台。在那里她看到了现实中为了这个场合，化身为霍格沃茨快车的苏格兰女王——一部红色的老式蒸汽火车头，冒着滚滚浓烟，像极了那辆将哈利·波特带到魔法学校的虚构火车。其后的游览车厢、餐车和卧铺车厢正在迅速被填满。罗琳站在火车面前，最后为了摄影师们勉强一笑，就上了车。

霍格沃茨快车将会是罗琳在此之后，为期4天的家。

罗琳同意举行火车巡游，作为一种大规模的宣传方式来揭开《哈利·波特与火焰杯》的序幕。该次火车从伦敦的国王十字站开始，在苏格兰的珀斯结束。火车将在沿路车站停留，并给一些儿童签书，这些儿童的名字将由每一站图书店赞助的抽奖活动中决定。这是一个大胆的想法，来帮助促销她的新书，但在罗琳的眼中，这次火车之旅，更重要的是一次可以遇见自己年轻读者的机会。

"我特喜欢认识儿童读者，"她在《麦克莱恩》中说，"他们问的问题最棒。孩子们谈论起书中的人物，就像他们是共同的朋友，而我碰巧比他们稍微了解得更多一点。"

列车在上午11点27分准时出发，在摄像机、记者和许多4点钟就起床为了和他们喜爱的作者说再见的孩子的注视之下，火车慢慢启动。罗琳感觉得到年轻粉丝的失望，就将头伸出窗外，朝孩子们挥手致意。"天哪，我很抱歉。我很抱歉，"她对孩子们叫道，"很高兴见到你们。"

罗琳为粉丝受到的简陋待遇而感到非常难过，对于新书受到的极大热情，感到十分惊讶。她发誓下次再找机会弥补孩子们。但是面对一台台闪烁不停的摄像机，以及将她嘴里吐出的每一个字当成黄金的记者们，她不知道自己这辈子会不会适应这样的情况。

罗琳快速参观了列车。她立即爱上了餐车，豪华的装饰很有皇室韵味，外面美妙的乡村风景掠过飞驰的火车车窗。餐饮车的装饰古典而优雅，很多奢侈的装饰，是当年只能让国王王后享用的。而且在一天结束后，卧铺车厢又能保证她能甜美地进入梦乡。

在苍茫的云层和夏日蒙蒙的细雨中，火车离开国王十字站，稳稳地驶出伦敦，整个行程将一直与车轮驶过铁轨的轰隆隆、咯吱咯吱的声音相伴。离开国王十字站不久，蒸汽引擎就毫不客气地抛锚了，接着一台现代柴油机火车头牵引着老式车厢完成剩余的旅行。

罗琳已将自己在车厢里面安顿好，开始了众多采访中的第一个。这个采访有关对过去的回忆，她再一次讲述哈利的创作由来、《哈利·波特》电影的最新消息以及创作《哈利·波特与火焰杯》的幕后故事。其中有许多过去不为人知的内容。罗琳第一次坦率地透露，其实并没有按时完成这本书，部分原因是她废掉了第一稿，并重新开始写，因为她意识到小说中的人物与前3本不相符，不会呈现出她想要的结局。而且，她第一次，以后也将多次表达对于哈利·波特获得全球知名度的反应。

"我无法解释，"她向《纽约时报》的记者说，"我没有答案，我只写我想写的，写我觉得有趣的东西。它完全是为了我自己。不论多么狂野地梦想，我也从来没有期待过这样的人气"。

霍格沃茨快车在下午晚些时候到达本次旅程的第一站——迪迪克特镇的迪迪克特铁路中心。她将在那里参加一次签名售书活动。火车第一夜停在泽韦伦谷的基德明斯特站。罗琳很赞赏这次旅行的后勤工作。宣传计划中包括大大小小的城市，而且该旅行使罗琳想起她独自到处坐火车旅行的日子。

行程的第二天，梦幻火车停在了曼彻斯特和约克市。到了第三天，火车已经离开纽卡斯尔，进入苏格兰，这是她的故乡爱丁堡，罗琳在这里像回归的英雄般被欢迎。

每次火车停留都是一样的情景。火车进站，罗琳将被迅速地带到当地的书店，在那里将见到一些被选中的粉丝并给他们签书。更多的情况是，直接在火车站迎接她的崇拜者。

尽管频繁的步骤，需要一大早就入站的日程安排，让罗琳一如既往地觉得很困难，但她还是摆上了最好的笑脸。她在《读者文摘》中承认，"我真的不是个早起的人"。

但没有任何事情，包括她对杰西卡的想念，能够阻止她成为所有粉丝们的幻想……即使只是一瞬间。

在每一站都有神奇的故事，关于众多粉丝们为了见她，不惜一切代价的故事。一位12岁的男孩在一次非常复杂且充满细枝末节的哈利·波特问答测验中胜出，赢得了入场券；在得知伦敦的书店在赠送门票之后，一位执着的女孩在凌晨4时就等在书店外直到上午6：30，那个时候书店还要等好几个小时才会开门；还有另一位女孩悲伤地以为她已经在抽签中失去了机会，结果有位先前的获奖者，为了一场学校体育活动而放弃机会，她又奇迹般地得到这个机会。

在巡回的每一站，儿童们的反应始终是相同的……惊讶、喜悦、不可思议和突然不知该说什么的状态。能最后见到他们梦幻世界的创始人，根据《娱乐周刊》记者的描述是，"那是令人难以想象的刻骨铭心"。

罗琳的出现所带来的激动氛围，被一位10岁孩子完美地做了总结。在与罗琳简短的见面后，他感叹道："我可以晕过去了吗？"

最后，在第四天，霍格沃茨快车进入苏格兰珀斯火车站。罗琳既宽慰又高兴这是最后一站。她以微笑和尊重的态度，迎接这一批焦虑的粉丝。在给这最后一批书籍签名的时候，她询问每个孩子为什么喜欢书籍，还有那些他们最喜欢人物。有一次，一名儿童被要求与罗琳合影。他被推到聚光灯下时，有些紧张，但罗琳跟他开玩笑说，"假装你很高兴见到我。"

当最后一本书签好了名，罗琳坐上了一辆车，经过60分钟的车程，回到了爱丁堡的家中。在旅途中，她看了看窗外的风景，并回忆自己命运的转折。在过去的一年里，被著名的《福布斯》杂志评为世界上最强大的25个明星之一。在2000年6月，她去了一趟新罕布什尔的达特茅斯学院，在那里她收到了第一个荣誉学位。但J.K.罗琳的极高荣誉很轻易地在1个月前就出现了：她被召到白金汉宫，被皇室授予大英帝国的荣誉勋章。

还可以重温一些更隐私的回忆。比如看着杰西卡长成一位美丽小女孩，现在已经6岁，并开始上小学的那份喜悦。她觉得杰西卡还太小，不足以理解哈利·波特的世界，罗琳决定在她7岁前不会阅读哈利·波特的故事给她听。但她发现女儿同班同学都已经十分熟悉她的作品，并经常询问杰西卡关于哈利的问题，而她并不知道该如何回答。

"她不知道这是怎么一回事"，罗琳曾向《娱乐周刊》的记者解释说。"我当时就是想，我在向她隐瞒我人生巨大的一部分，这使她变成外人了。因此，我读给她书中的故事，然后她完全的迷上了《哈利·波特》。"

由于哈利·波特在全球的声望，她自己的生活也发生了明显的变化。她拥有之前从未想象过的金钱。但她依然很明智地使用它们，确保自己和杰西卡能过上美好的生活。但是更多地被关注总不是件好事。在她的《哈利·波特》一书成了全球畅销书之前，罗琳仍能在爱丁堡溜达而不被认出，仍可能花费数小时的时间，在最喜爱的咖啡店写作、听音乐，喝着似乎喝不尽的咖啡。

但是，随着第三本哈利·波特的书籍《哈利·波特与阿兹卡班的囚徒》出版之后，罗琳开始注意到自己越来越缺乏个人隐私。写作习惯现在已被广为宣传，不久之后，她在一家咖啡店外写作，就成为人们关注的中心。虽然人们总是和善地接近她，但还是会干扰她一天的理想写作计划。

"在理想的一天，我会努力工作6个到10个小时，"她告诉《骑士新闻》的记者，"但是我现在只能争取抽出时间来写作。我用咖啡店就像是办公室一样，尽量不要在家里写作。"

因为她的知名度，罗琳发现自己越来越频繁地需要留在家里写作。即便是这样，也还是会被打扰。

"有一段时间记者经常在我家门前出现，"她告诉美国《新闻周刊》的记者，"那其实挺可怕的，我压根没想到会发生那样的事，而且这并不令人感到愉快"。

不过，像对付所有其他因初步成名后带来的问题一样，罗琳已经学会了如何处理这些困扰。这也是为什么她将支持这次《哈利·波特与火焰杯》公开宣传巡游的计划。爱丁堡在缓缓地进入视线。罗琳看到了熟悉的街道和建筑物。不久后，她就会将杰西卡紧紧搂在怀里。

罗琳是全球最有名的作家。但今晚她只是一位母亲。

在未来的几个月，罗琳就会再次回到她追求的常态。每个早晨她带杰西卡上学，然后在一天结束时把她接回来。她会找到时间沿着爱丁堡的公主街逛逛。同时，也接受了更多的采访，在一些伦敦市内或周边的书店露面，并和杰西卡讲一讲书中的故事，让孩子来满足同学们对她不停提出的问题，罗琳还在女儿的学校做了一两次演讲，来奖励学校的两个获得优胜的班级。

罗琳也开始关注慈善机构，同意成为国内单亲家长委员会的代言人，并捐赠72.5万美元给慈善机构，重点帮助单亲母亲。这显然是一件罗琳发自内心想做的事情。

"我有学历，有工作，也愿意在我极为困顿之际借钱给我的朋友，"她在该机构组织的演讲这样说道，"如果我在摆脱福利制度时，都遇到了这么多的困难，那么那些不具有相同优势的人们呢？成为单亲母亲7年之后，我感觉自己有资格直面任何人，并且说出独自养育子女不应该受到谴责，而是应该被恭喜。"

罗琳慈善的观念也导致她与一个致力于帮助英国和非洲孩子的英国慈善机构合作，共同建立了一个哈利·波特基金会。

最后，当她终于可以抽出片刻时间的时候，她悄悄开始创作第五本哈利·波特的书籍——《哈利·波特与凤凰社》。

"我如果好久不写东西，真的就感觉不对劲，"她在接受美国《新闻周刊》的采访中承认，"我大约可以一周不写，但如果再久，我就真的受不了了。这真的是一种强迫症。"

夏季开始转入秋季，罗琳意识到这平静的时光即将结束，很快就要给她这辈子所能想象的、最大规模的观众朗读她的作品。将她带到加拿大的长途旅行，几乎在一年前就开始了，当时她还在赶写《哈利·波特与火焰杯》。

"我那时感觉很焦虑，"她告诉加拿大广播公司的记者，"我的第四本书写到了一半，我说'好'。那时候，我对很多事情都说'好'，只是为了让其他人不要再烦我，因为我真的很想把书写完。我好像摆脱了第四本书的疯狂。"

我意识到自己到底答应了什么。

作为温哥华国际作家节的一部分，罗琳已答应在著名的太平洋体育馆做几场朗读会。之前预计的观众为 6 000 人，但当罗琳出席的消息泄露后，门票的需求变得如此之高，导致策划节日的导演也来找罗琳请求她提前一天，在多伦多的天穹体育场——多伦多蓝鸟棒球队之家，再额外为两万多名粉丝加一场朗读。

"当我意识到这次阅读的规模有多么大的时候，我吓坏了。"她告诉 CBC 的记者。

在战胜了最初的恐惧后，罗琳对第一次去加拿大感到非常兴奋。她对于这个国家和它的人民始终有一种温暖的感觉，并且很期待经历 "近距离又私密"的6天访问。

罗琳先飞到纽约市，在那里花了几天的时间与美国的出版商见面并接受少数报纸和杂志的采访。大部分问题都跟以前的差不多，但在《哈利·波特与火焰杯》出版后，有个奇怪的问题需要她来回答。罗琳的很多读者感到最荒谬的是，在第四本书的结尾，哈利的父母从伏地魔的魔杖中出现的顺序是错误的。在前面的3本书里，罗琳曾多次表示伏地魔是先杀了詹姆斯，然后杀的莉莉。《哈利·波特与火焰杯》中曾经说过，魂灵将会倒序出现，但詹姆斯在莉莉前面走出了魔棒。罗琳听到后惊呼，很不幸这是编辑中出现的错误，她承诺将在以后的版本中对其修改。

她还被问为什么《哈利·波特与火焰杯》的手稿迟交了两个月。她承认这本书是最难写的，虽然她总是尽量保持故事内容的一致，但故事的发展情节，有一段时间真的失控了。

"我写了大概过半的书稿，突然意识到故事情节中有个巨大的漏洞，"她在《娱乐周刊》中解释说，"整套书的档次从第三本书后变得如此之高，这也给我带来了很多的外部压力"。

罗琳解释说这个问题在于，她得除掉一个韦斯莱家的女孩，因为她发现，这个人物在和负责调查的记者——丽塔·斯基特做同样的事。

如果延误或其他编辑错误混淆了读者，罗琳表示她很抱歉，并向他们保证，将在之后的书稿中更加注意这些问题。

2000年10月22日，罗琳抵达多伦多。第一项工作是具有私人性质的，她已经联系了麦克唐纳，安排在这第一天和麦克唐纳一家还有安妮，一起待一段时间。在张扬地抵达多伦多，入住酒店后，罗琳与麦克唐纳一家和安妮碰面并度过了她后来用"奇妙"来形容的一个下午。他们一起去观光尼亚加拉大瀑布。虽然和朋友们在一起的时间使她感到些许愉快，但她依然担心在两万名忠实的粉丝面前进行朗读。

"我好害怕，"她在朗读活动的前一天告诉《骑士新闻》的记者，"我不是滚石乐队，这怎么可能行得通？"

在天穹体育场朗读的前一天，她的活动主要就是参加许多的访谈和会议。并与加拿大出版代理见面。罗琳还是比较享受在加拿大的新闻发布会，并且耐心地解释她的生活是如何在几个月前，随着《哈利·波特与火焰杯》的出版开始改变的，还讲了一些关于正在创作的第五本书的线索。

在这忙碌的一天中，罗琳也找到了一些时间参与慈善工程，她出现在多伦多公共图书馆基金会的筹款午餐会。尽管她已经说明午餐是不接受签名的，但罗琳又心甘情愿地错过了一顿饭，来接待源源不断来找她的儿童读者，并为他们签名。

但主要的关注点依然是 10 月 24 日天穹体育场的朗读活动。票务销售活跃，而且该事件估计有 2 万名粉丝出席。罗琳承认，很高兴能一次见这么多自己的粉丝，但对于在巨大的棒球场朗读哈利，还是令她很紧张。

"我就告诉自己，如果这个我能应付得了，以后就没有什么对付不了的。"

罗琳在朗读会当天，怀着忐忑的心情起床。这是她的重要日子。

天穹体育场的朗读活动带着马戏团的气氛。儿童进入体育场，许多人把自己打扮成他们喜欢的《哈利·波特》中的人物，迎接着他们的灯光秀和幻灯片秀，上面显示着《哈利·波特》的元素。体育场有室内烟花展。一组穿着奇特的人在体育场穿行并表演魔术。

在罗琳出场前，两位加拿大的儿童图书作者，提姆·韦恩·琼斯和凯尼斯·奥佩尔，也朗读了他们新书的部分。但明显的是，年轻的粉丝更期待听罗琳的朗读。

终于，主持人登上讲台，在没说出她的名字时，人群中就爆发了一波波的掌声和观众的欢呼。时间到了，体育场灯变暗罗琳走上了讲台，站在一束光中，全场沸腾了。热烈的掌声和欢呼声持续了大约几分钟。罗琳站在那儿微笑着，但内心还是有点震惊于读者们如此激烈的反应。

罗琳走向麦克风，雷鸣般的掌声一直持续着。

"谢谢大家，"她说，她的声音通过音响在大球场内回荡，"能够站在这里，我既开心又恐惧。"

人群变得鸦雀无声。

罗琳拿出手上的《哈利·波特与火焰杯》，将其放在讲台上，打开它翻到第四章，并开始朗读。她许多年轻的粉丝，很多都带来了自己的版本，立即开始随着她默默地阅读。

她的怯场神奇地消失了，罗琳清晰地朗读着，有时会运用不同的声音和口音，给书中德思礼一家受到一些魔法师的拜访的段落带来了生命。

孩子们坐得很直，睁大了眼睛，完全被吸引了。许多人还流着眼泪。对他们来说，这是真正拥有魔力的时刻。

罗琳用14分钟朗读完了。她合上书，欢呼声再一次在她周围响起。利用接下来的 15 分钟，她回答了许多关于哈利·波特和他的世界常见的问题。她以感谢观众收尾，并在雷鸣般的掌声和播音员敦促孩子们 "读书"， "读书"， "读书"的声音中走下了舞台。

罗琳下台后听着朋友和同事们夸奖她表现得不错，感到无比快乐。在去温哥华路上的两天，她一直处于飘飘然的状态里。在温哥华的太平洋体育馆，她再次做了两次满场的朗读，只要可能，她就会向那些靠近她的孩子们伸出双手。

朗读之前，罗琳再次同一群记者坐下交流，讲述了自己同意做像天穹体育场这样大规模的朗读的原因。她承认，她更喜欢一对一的联系，小规格朗读，而书店的签名活动正好提供了这些，但不幸的是，这些日子似乎永远消失了。

"如果我现在还那么做，时间会长到我可能再也见不到女儿了，"她在哈利·波特粉丝论坛上说道，"我也不可能再写另一本书，也不可能吃饭和睡觉。因此我要有所取舍。我可以说，'好，我不会再朗读图书'，但会非常想念这样的活动。或者我可以做更大规模的朗读，接触更多的人，而这正是我的选择。"

虽然她对在场的记者们说，认为签书会就像经常测试她心理和情感承受力的"无底洞"，但是有一个很重要的原因使她心甘情愿地继续。

"我从来就没有见过一个没有礼貌的孩子，对于我来说，这真不可思议。从来没有孩子满地打滚。从来没有孩子要求我给他我所不能给的，从来没有一个孩子没有让她感受到爱。"

罗琳耐心地回答了早就料到会被问及，关于如何应对成功和关系哈利·波特未来的提问。虽然不想承认，但她真的累了。因此她心怀感激地迎来了在温哥华最后一夜的最后一轮掌声。

罗琳知道回家的时候到了。

她非常想念女儿，经过6天众星捧月的日子，她十分期待回到简单的生活，在她最爱的咖啡店写作，带杰西卡上学、放学，也许还有购物。

但是，当她穿过大西洋飞回来的时候，她知道等待着她的还有另外一件事情，一件使她既兴奋又害怕的事情。

《哈利·波特与魔法石》的电影版在两个星期前已开始拍摄。而她禁不住猜想一个全新的哈利·波特世界将会如何展现。

第十一章
不过是一部电影

罗琳在2000年初,飞往洛杉矶完成《哈利·波特与魔法石》电影版权的合同。对于罗琳来说,看到电影的魔力被创造的地方,使她大开眼界。谈判是在亲切和坦诚的氛围下进行的,在此过程中,罗琳的愿望得到了考虑和尊重。

罗琳在与电影界人士打交道时是很谨慎的。她已经听到了太多有关书籍在改拍成电影后,是如何被完全扭曲的故事,而且她担心同样的事会发生在哈利身上。但最后,经过这次会议,罗琳安心地离开了,因为她确信电影版会和她书里的世界一致。

与华纳兄弟的合同确定后,罗琳被给予的头衔是电影《哈利·波特与魔法石》的执行制片人。不了解电影业务如何运转的她,并不认为这个头衔有什么用。但当电影的各个方面有了头绪,她很高兴自己有这个头衔。

因为，就像在好莱坞经常发生的一样，很快各种各样的建议就会被提出，而它们将会把《哈利·波特与魔法石》改编得与原著面目全非。在早期，史蒂芬·斯皮尔伯格曾被认为会担任这部电影的导演。而罗琳也极其兴奋，可以由影片《外星人》和《侏罗纪公园》的著名导演来创建《哈利·波特》的世界。

但是斯皮尔伯格和罗琳经过一系列的会面商讨之后，很多不同的意见出现了。导演想让电影在风格上显得更美国化，而不是英式的。他们谈到是否要让很多的学生和教师国际化的问题。罗琳竭力反对，理由是，这样做将意味着要发明出新书中未曾出现过的任务。斯皮尔伯格甚至建议美国的童星海利·乔·奥斯蒙将是哈利的最佳人选。

最后，罗琳和导演都充满敬意地同意他们各自保留不同意见，然后斯皮尔伯格转去执导另一项目。立即有八卦说罗琳和著名导演在性格上不合。但是作为一个处事通达的人，罗琳说问题的关键，最终归结到谁的想法会呈现在荧幕上。

"他说的一些内容，我不同意，"她告诉《伦敦时报》说，"但也有一些他说的内容，我完全同意。"

早期在会谈中也提出会在电影发行推销中有广告插入

的问题，这将包括快餐店的玩具、午餐盒、玩具娃娃，还有《哈利·波特》授权的人形玩偶，而这些对于罗琳来说是极为敏感的议题。她坚持认为，任何商品连接都必须有品位，而且要提倡文学和阅读。华纳兄弟公司同意了许多罗琳的观点，其中最典型的是，尽管可口可乐成为电影正式的资助商，但哈利在电影中将不会喝可乐。并决定所有相关的物件的出现，都会是非商业的。

罗琳坚持，虽然她已经将书的版权出售给华纳兄弟公司，让他们按自己的想法拍摄，但是她对于哈利·波特的意见，也应被慎重考虑。当别人问她如何销售她创造的"宝贝"时，她坚持说，"请相信我，我站在你们的立场上。"

"如果人型玩偶难看到恐怖的话，告诉孩子们，我说过的，不要买。"她在《时尚好管家》中说道。《纽约时报》也暗自支持罗琳保护她所创造的人物，她告诉他们，"我会做任何事情来阻止哈利出现在快餐盒里。我将会尽我最大的努力，因为那将是我的噩梦"。

其他若干导演也被推荐给罗琳，直到2000年初，克里斯·哥伦布最终被选中执导该电影。关于《哈利·波特与魔法石》应该如何在荧幕上呈现，哥伦布和罗琳拥有共同的想法。两人都同意电影和书一样，非常英式，而且主要由英国演员担任其中的角色。

但当宣布已经选出美国编剧斯蒂芬·科洛弗来担任该电影编剧的时候，罗琳立即重新考虑了。

"到目前为止，最担心见到的人就是斯蒂芬·科洛弗，"她在《娱乐周刊》的访谈中说道，"我是真的准备好讨厌他了。这个人是会虐杀我的宝贝的人。第一次我见到他时，他说，'你知道我最喜欢的是谁吗？'我当时心想，你肯定说罗恩。但他说'赫敏'。我的心融化了。"

被指定写这部剧本后不久，科洛弗告诉《读者文摘》他喜欢《哈利·波特》中的哪些内容。"从第一页开始，她就俘获我了。其中有着敏锐与黑暗，她之所以这么受欢迎，其中一个原因，就是任何地方都没有任何迎合或迁就读者"。

他仍记得在之后的几个月，他和罗琳在创作《哈利·波特与魔法石》剧本时的亲切关系。他解释说，大多数的对话就是根据罗琳写的书改动一下。在这样做的时候，科洛弗感觉他在预测某些哈利·波特故事在未来的发展方向。

"她做出了强烈的反应，"他在《酷不酷网站》的一个访谈中说道，"她就像在说，'啊，你看到了这个，但你还遗漏了什么。'有一次，我加了一点儿东西，是对一些事情的引用。她说，‘这挺好，但第五本里有项东西使它无法执行……’”

罗琳会这么计较细节并不奇怪，因为哈利·波特在随后的几年，已不仅仅是虚构的人物。"我认识哈利，而且已经写了他10年，"她在《洛杉矶时报》解释道，"他对我来说是个十分真实的人物。"

2000年，罗琳夜以继日地辛劳创作终于完成了《哈利·波特与火焰杯》，同时监控科洛弗第一稿的进展，还要参与其他相关电影制作方面的会议。有了导演和编剧，下一个任务就是制定演员表，特别是要找到完美的哈利。寻找完美的哈利已成了全球性的活动，全世界有超过40万童星和普通孩子，都来参加这一次非常可能会改变他们命运的筛选。

罗琳承认，想找到合适的演员来演哈利，是很困难的事情，要找到一个外观符合而且表演能力够强的演员，就像选择演员费雯·丽去演《飘》中的郝思嘉一样难。

"找到他我们就知道了，"她在《新闻周刊》中陈述道，"我现在在伦敦和爱丁堡到处游荡，看到身边有孩子就会想，也许可能是，谁知道呢。我也许会直接扑上去说‘你能演戏吗？你要跟我来，出租车。’"

最初，华纳兄弟电影公司希望在2001年夏天将《哈利·波特与魔法石》搬上屏幕。但是因为寻找演员的拖延，将《哈利·波特》的世界呈现在大屏幕上，需要大量的特效和制作设计，以及在伦敦多处找寻拍摄外景地，都迫使华纳兄弟将首映推至2001年11月。

为这部电影选演员是一项持续的挑战。各种有名的、无名的演员被推荐来演各个角色。但是到了2000年的年中，距电影开拍还有10周的时候，演员名单还未确定。

选出哈利的演员仍旧是最重要的任务。他们发出8万多封信，鼓励演员来试一试。星探去了200多所学校和众多的戏剧表演机构，依然找不到完美的哈利扮演者。

最后，在2000年8月21日，11岁的丹尼尔·拉德克里夫被选中饰演哈利。这位年轻的英国演员，曾出现在大卫·科波菲尔的传记电影中，还有即将发布的电视剧《巴拿马的裁缝》中，他是哈利·波特的完美人选。

当看到孩子的试镜后，罗琳欣喜若狂，她感觉经过漫长的搜索，他们终于找到了他们的哈利。导演克里斯·哥伦布同样的兴奋。

"我们在寻找哈利的过程中，看到了许多才华横溢的孩子。"他在《哈利·波特》的网站上宣布。"过程是紧张的，有些时候，我们甚至觉得将永远找不到一个可以表达哈利·波特的精神和深度的孩子。当拉德克里夫走进房里，我们都知道我们找到哈利了"。

拉德克里夫在8月的一次采访中，被正式提出作为该片的哈利·波特。这个孩子轻松地适应了聚光灯下的新生活，耐心地回答了媒体的提问。

"我哭了，我真的很兴奋，"他在《好莱坞记者》里说道，"我想我有一点点像哈利，因为我也想要只猫头鹰。我很期待拍摄。"

新闻发布会上还宣布，因为这部影片在美国的名称为《哈利·波特与魔法石》，但在其他国家的名称为《哈利·波特与哲学家的石头》，所以其中有7个场景将被拍成两种版本，这样在对话中，就可以提到这两个不同的名称。

哈利最好的两位朋友的演员也确定了，他们分别是10岁的艾玛·沃森饰赫敏·格兰杰和11岁的鲁珀特·格林特饰罗恩·威斯利。核心3人的角色现在都已确定，其余的人物也迅速地选定了。

他们是肖恩·比格斯塔夫（奥利弗·伍德）、大卫·布拉德利（费尔）、约翰·克里斯（无头鬼尼克）、罗比·考特拉你（海格）、阿尔菲诺（迪安托马斯）、汤姆·费尔顿（德拉科·马尔福）和理查德·格里菲斯（礼叔叔）。此外演员表中还有理查德·哈利斯（邓布利多教授）、伊恩·哈特（屈拉教授）、约书亚牧人（高尔）、麦特·刘易斯（纳威·隆巴顿）、瑞克·美雅尔（捣蛋鬼）、德文·默里（谢默斯）、凯瑟琳·尼科尔森（潘斯·帕金森）和克里斯·拉特灵（珀西·韦斯莱）。其他演员还有艾伦·瑞克曼（斯内普），费欧娜·肖（帕尤妮亚姨妈），玛吉·史密斯（米勒娃·麦格教授），凡尔纳·托耶（食尸鬼），佐伊·瓦纳马克（霍琦夫人），朱莉·沃尔特（韦斯莱夫人）和文森特（文森特·克拉布）。

2000年10月中旬，《哈利·波特与魔法石》开始拍摄。电影开拍的第一天，伦敦正处寒季。因此，当他们在相对不太舒适的利夫特森工作室拍摄的时候，厚厚的大衣和热水瓶，成了他们一天必备的东西。

在罗琳多次访查拍摄现场后，她发现对于好莱坞将恶化她作品的担心是毫无根据的。在导演克里斯·哥伦布的指挥下，伦敦各地的地点，比如基督教会大学、伦敦动物园的爬行动物馆、牛津大学、著名的澳大利亚驻英大使馆和达勒姆大教堂，都被不可思议地、魔术般地变成哈利·波特世界的标志性建筑。

在整个电影制作过程中，罗琳会不断通过电话、电子邮件和传真第一时间了解剧本在任何时候的临时更改信息，演员的增添和电影方面的总体进展。她高兴地向《娱乐周刊》汇报说，"他们（华纳兄弟电影公司）非常大度地允许我介入，我已经被问了许多从来没有想到会被问的问题"。

典型的对细节的关注，体现在了某天在国王十字车站的拍摄过程中，当哈利要登上霍格沃茨快车，踏上他命中注定通往霍格沃茨魔法学校的旅程。一辆做成罗琳梦想中样子的蒸汽引擎怠速在轨道上，等待着哈利充满信心地穿越站台的屏障。霍格沃茨快车的两侧站满了临时演员，站台上塞满了数不胜数的儿童临时演员，其中许多是穿着栩栩如生的霍格沃茨魔法学校的校服，而其他人则穿毡帽和外套。站台到处堆满了行李车，上面有包包、行李箱和扫把。

在杂乱的摄像头、电缆和机组人员中，导演哥伦布与拉德克里夫进行着热烈而生动的交流。他们之间有说有笑，而且哥伦布指示他该往哪里走，如何表现才能进入摄像的范围。最终，导演指挥开始拍摄，紧接着顺序复杂的临时演员、火车和所有的技术性挑战开展出来，成为一次连续的拍摄，直到哈利走向火车，做出了改变自己命运的决定，最终他登上了列车。这场戏经历了多次的拍摄，用了大半天的时间才拍出最好的版本，但当演员和工作人员结束了一天的拍摄，重要的片段插曲都已顺利完成。

编剧科洛弗经常探访《哈利·波特与魔法石》的拍摄，暗示还有其他美妙的时刻。他说有些片段，像飞行的扫把的场景"不可思议"，而且拍摄海格的场景看起来很"酷"。

一个个报告将继续透露出这个高度保密的电影制作的一些内容——演员们在出色地将罗琳的作品带入现实，而且电影制作和特效人员是如何魔法般地将《哈利·波特》的世界带到屏幕上。罗琳感到高兴，对于这部电影的期望终于开始得到回报。

但拍摄《哈利·波特与魔法石》的幻想偶尔会被现实阻挠。电影的大部分在英国，经常会在冬季下雨的过程中进行拍摄，所以对于电影的制作，人们经常会因为下雨提早收工。也有些使人焦虑的时刻，比如由于他的年龄和涉及儿童演员的法律原因，制片的拖延可能导致拉德克里夫无法完成这部电影。但经过认真的谈判，大家的脸都挂上了笑容，拉德克里夫将被允许完成这部影片。

影片的预告是如此的好，以至于电影公司宣布他们已经批准了《哈利·波特与密室》的底稿，并且将在2001年底前开始拍摄第二部影片。

《哈利·波特与魔法石》将在伦敦的冬季至夏季的几个月里继续拍摄,而罗琳也在爱丁堡的家中努力工作。

在图书出版的早期阶段,罗琳从来没有制定一个每本书确切的出版时间表。相反,在不被外界过多干扰的状态下,她已经在大约一年的时间里完成了《哈利·波特》系列的前几本。当她的作品在世界上越发受欢迎,并且人们对她时间的需求逐渐增加,罗琳承认她无法保持正常的写作计划。并且在她的心里认为,多花一些时间,有助于避免困扰《哈利·波特与火焰杯》那样的延误和错误。

所以虽然她曾希望第五本《哈利·波特》系列图书能在2001年11月21日《哈利·波特与魔法石》电影公映前出版,但罗琳必须承认,她无法完成这本书。原定目标是希望哈利在2003年离开霍格沃茨魔法学校时,是一个羽翼丰满成熟的17岁的魔法师。但现在,这个目标的实现已经出现问题。

因为在2001年不会有哈利·波特的新书出版。

第十二章
走进未来

《哈利·波特与凤凰社》直到2002年才会出版的消息，迅速传遍世界各地。

粉丝们对于要用上一年的时间来等待哈利·波特下一本书，表示失望以及更多的沮丧。罗琳的出版商也是如此，他们原本打算利用哈利·波特新书和在同一时间电影版《哈利·波特与魔法石》的登场制造大新闻。而且她的出版商已经对她施加了些压力，希望她尝试按照原来的出版计划定期完成新书。

但罗琳坚持自己的立场，并拒绝匆促完成……

"我真的想要多花些时间，确保自己写出的东西足够好，"她告诉《骑士新闻》的记者，"我不想因为一个虚伪的截稿期限而赶稿。我正在为这项工作努力，而且也没打算休息。"

对于那些熟悉罗琳的写作习惯和知道她是关注细节的人，《哈利·波特与凤凰社》的推迟出版，并没有给他们带来过多的惊讶。尽管罗琳很久以前就起草了这7本哈利·波特图书的故事情节，但她始终自豪于自己会重组故事线和改变人物细节，直到自己最终满意的能力。因此，前4本哈利·波特的书籍，每本都用了一年或更长的时间来完成。

根据关系密切的熟人透漏，罗琳的确感到了一些写作疲劳，部分原因基于她曾经反对过种种围绕《哈利·波特与火焰杯》的疯狂和神秘。在这之后，罗琳担心，如果没有充足的休息和正常的生活，她将不再能享受写作的过程。

因此，罗琳在这段时间让自己放轻松了一些。她依然每天写一些，当她累了或无法集中注意力的时候，与其像过去一样勉强继续，还不如立刻停止写作。罗琳经常漫步在城市中，或找时间和女儿、家人、朋友在一起。这种没那么繁忙的写作方法很适合她。罗琳每天都会怀着激动的心情，急切地回到哈利的写作中。

现在，既然谁都知道罗琳是在创作第五部哈利·波特，所以大家对其好奇心再次开始增长。杰西卡经常会从学校回来告诉母亲，其他孩子们纠缠她提问《哈利·波特与凤凰社》的故事情节。这个话题是罗琳在这段时间做的多次访谈中经常讨论的一个话题。

罗琳拒绝提供关于第五本书故事线的太多的信息，令人并不感到惊奇。但她表示，《哈利·波特与火焰杯》将是哈利·波特生活某个阶段的结束，而《哈利·波特与凤凰社》将把哈利的生活指向完全不同的方向。

她对《纽约时报》暗示说，哈利的"天真消失了"，而且"心境可能会变得黑暗，"并指出第四本书中的死亡是"更多死亡的开始"。她还透露，在第五本书中，读者们会发现为什么哈利每次放假，都会返回德思礼家，还有吉尼·威斯利，那个在《哈利·波特与火焰杯》中暗恋哈利的人，将会发挥更大的作用。她还好意地预测《哈利·波特与凤凰社》将会是可怕的，而且"哈利会找到很多到目前为止他都没接触过的东西"。

"哈利已经面对了死亡，"她告诉一位加拿大广播公司的记者，"他很小就失去了父母，并在第四本书中目睹了谋杀。所以这对于读者们来说，死亡是书籍的中心主题，这不算新闻。可以公平地说，在第五本书中他将要更密切地审视死亡意味着什么。但我并不认为看这套书的人会觉得这有多稀奇。"

她还提醒读者说第五本书将会看到哈利的视野拓宽，他将会进入魔法世界全新的领域。

虽然《哈利·波特与凤凰社》不会在近期出版，但也会有新的与哈利·波特相关的书籍面世。2000年中，罗琳决定帮助最喜爱的慈善机构之———英国漫画救济机构。她同意写两本64页的书籍，都用笔名，书名的设定根据出现在霍格沃茨图书馆中的书籍，所有销售利润所得都给予漫画救济组织所设立的哈利·波特基金，该基金的成立源于罗琳的合作，用来帮助提供儿童救助方面的资金。

第一本书《魁地奇溯源》，是一本梦幻的、关于魁地奇的全面指南，是这个神奇世界与它最受欢迎的体育运动的指南。在这本书中，罗琳用的笔名是肯尼沃思·惠斯普。第二本书《神奇动物在哪里》，是一本按照字母顺序，关于所有生存在哈利·波特世界中的奇妙生物的A到Z列表。J.K.罗琳在这本书中所使用的笔名是纽特·斯卡曼。

"我一直都想写这两本书，"罗琳在新书的新闻发布会上说道，"我觉得，这是一次绝佳的机会，可以参与我始终支持的慈善机构"。

消息快速蔓延到《哈利·波特》的粉丝中，而且这些书籍在2001年初出版的时候就被立即抢购。罗琳高兴地宣布，将两本书带来的数百万美元利润捐给了哈利·波特基金。

罗琳继续用写作做好事，她同意创作一段故事，放入一本将在2002年出版的短故事集中，目的是给全国单亲家庭基金会筹钱。人们对于罗琳具体写了什么，没有很多信息，只知道这个跟《哈利·波特》没关系，但故事还是会包含某些魔幻的元素。

当 2001年进入尾声，罗琳计划与家人和亲朋好友一同享受假期。圣诞节时，罗琳和杰西卡将与妹妹和其他家人一起吃大餐，一个亮点将会是看着妹夫（一位厨师）烹饪圣诞火鸡。在新年期间，罗琳和女儿会出去度假，观看一些名胜古迹，远离人们对她时间上的不断要求，好好放松一下。

在与妹妹、家人和亲朋好友在一起时，罗琳可以确保自己不会被视为明星作者。面对他们，她只不过是罗琳，对此她也很满足。因为在她的心里，罗琳基本上是个性格害羞的人，一个仍在适应哈利·波特给她带来的明星地位的人。在很大的程度上，把她从所熟悉的宁静生活中拽了出来。虽然现在已经认识到，她将永远在公众的注目中，但内心仍有一部分渴望低调，能有自己生活的隐私。

过年后，罗琳就会返回作者那种与世隔绝的生活，断绝外部干扰，继续创作《哈利·波特与凤凰社》。当冒险继续开始，她再一次感到兴奋，先在脑海实现，然后在页面上实现，一步一步，稳扎稳打。对于罗琳来说，创作《哈利·波特与凤凰社》是一种平静日子的回归，那种简单的哈利·波特故事，把她变成焦点人物之前的平静日子。

但她无法完全躲避《哈利·波特与火焰杯》在出版的第一周，已售出近300万册，并且单是美国就还有近5 000多万册正在印刷之中这样的事实所带来的声望。她不知道全世界的哈利·波特狂潮是否已经达到顶峰，她并不确定，即使已经出版了4本书后，她是否学会了如何处理自己的声望。

"我仍在学习，"她在加拿大告诉一些记者说，"我一定不会说自己已经习惯了。我得说在开始的两年，我还是无法接受。我不断地想，'都会过去的。'而第三本书出版后，不得不接受一个事实，它不会在近期就这样过去的，这也应该是一个不错的阶段。但它早晚会过去的。游戏就是这么玩的。当它过去后，我相信自己会是高兴的。而且我会保留自己曾经出名时的美好回忆。"

还有她的名气带来的金融安全。罗琳在伦敦又买了一套房子。正如《新闻周刊》曾经揣摩的一样，任何认为她会在豪车和直升机上大把花钱的人，会很遗憾地发现，他们都想错了。

"这么说吧，我不会开车，所以5辆车绝对是个问题，"她笑着答复《新闻周刊》的问题。"我不希望任何人觉得我是个什么清教徒，我喜欢花钱，但在我 5 年前和现在主要的区别，就是不用再担心了。我相信只有严重破产过的人，才会对此感激涕零。我每一天所感恩的是自己不再担心钱的问题了。"

从始至终，钱，对于罗琳一直都是有点尴尬的话题。有许多报纸和杂志猜测罗琳赚了多少钱，并且有多富裕。她常常拒绝给自己的财富打个实际的数字。但她最近在《费城问询》的采访中提到，"我可以永远不再写作，也无须担心再次没钱。"

罗琳的声誉和对当地慈善机构慷慨的贡献，已经使她成为非官方的英国代表和皇室喜欢的人。在 2001年早期，罗琳被邀请到格洛斯特郡乡下与威廉王子见面，这位皇位继承人称赞了她的书和她对慈善机构的奉献。在 3月22日，她很高兴也十分谦卑于自己得以在一次女王和英国出版商的见面中，与伊丽莎白女王会面。

也是在这段时间内，罗琳坠入爱河。

关于这对恋人是如何见面或者男方的身份，我们并没有太多信息，但我们知道的是，每当他们被发现手拉手走在爱丁堡的马路上，那画面看着非常幸福。不论在个人生活中，还是在事业上，罗琳都保持着一种优雅的状态。

在所选择的事业上，她也认为自己十分幸运。

"它（写作）使我更快乐，"她在《新闻周刊》的采访中说道，"写完它们（书籍）使我更加快乐。我也很高兴认为，我能做好的唯一一件事，不是在痴心妄想。"

现在她在眺望未来。

在她心目中，最重要的是哈利·波特的长期历险旅途中，剩下来未写成书籍的命运。人们推测说这第六本书会被命名《哈利·波特与绿火炬》，但这条传闻很快被罗琳否认。她所预测的是，能看到其余的书籍将作为哈利人物个人性格和奇幻因素的探索，伴随着他度过青春期。她也看到哈利经历一段浪漫关系的可能性，以及他与周围世界更加现实的互动。虽然离《哈利·波特》最后的历险仍然还有几年，但罗琳已经期待着结局。

"第七本书将是最厚的。"她在《新闻周刊》的采访中预测。"第七本会像大英百科全书似的，因为我要好好说再见。"

她最终如何选择结束哈利的漫长旅途，仍然是个谜。虽然已承认自己已经写下了最后一本的最后一章，但这样做主要是一种表达愿望的举动，告诉自己早晚有一天会完成的。罗琳还不太清楚怎么才会最终走到那一步。"再说了，我可能会把那章重写了呢。"她在网上论坛开玩笑地说道。

但是，她告诉《费城电讯报》，哈利·波特最后一本的某些情感元素已经就位。"到这个系列结束后，你会感到一种坚定。将发现最后的幸存者们会怎么样，那些从第一本书的开始一直活到第七本书的人物将会怎样。我知道这听起来有点不祥之感"。

在接下来的几个月里，罗琳将持续作为她所创造的世界的权威者，负责监督完成电影版的《哈利·波特与魔法石》，并经常检查自己的邮箱，查看有没有编剧斯蒂芬·科洛弗发来的公函，他已在动手写《哈利·波特与密室》的剧本。华纳兄弟公司最近已确定了一份购买所有7本《哈利·波特》的电影版权的合同，这意味着罗琳写完哈利最后一部书许久之后，她的哈利系列将仍在荧幕上继续走入未来的10年。

但当哈利·波特的结局已近在眼前，罗琳怀着复杂的心情审视她的作品。"我想，当我完成7本《哈利·波特》，也会跟哈利·波特的世界告别。"她在巴诺书店网络论坛中猜测道。"告别会让我非常伤心，但我必须这么做。"

当然也有一些罗琳与出版商的传闻。据报道，《哈利·波特》在全球取得如此大的成功，罗琳的出版商不断对她暗示，如果能将成熟的哈利带出霍格沃茨，融入成人魔法师的世界那一定是极好的。她对在7本书之后继续哈利的冒险的想法一笑置之，但偶尔也会逗一下这样想的记者，说确实有故事可以接着讲。

"我一直说的是7本，"她在美国的网络论坛中讲道。"如果哪天出现第八本，这将是因为，十几年后，我实在太想再写一次。但目前为止，我不认为这种情况会发生。但是，我觉得我可能会写个什么哈利·波特百科全书，并将版税给予慈善机构"。

她在该论坛中表示，继续写儿童书籍也是一种可能性。"我可能会写更多的儿童书。真的不知道。但应该说明，我不觉得必须写'非常'成人的书，才能算是'真正'的作者。第一位的是故事的想法，并不是故事的目标观众"。

《哈利·波特与魔法石》已定在2001年夏天完成拍摄。在罗琳去拍摄场地定期访问中，她的世界从页面转化到荧幕上的方式，给她留下了深刻的印象，也使她惊奇。这种兴奋持续攀升直到秋季，那时的电影宣传切换到更高档次。她无处不在地看见哈利的海报或电影的图片。电影公司已经很谨慎地不去过于宣传电影，但对于电影院和电视机中播放的小短片的早期反应，创造了一种能与每本新的《哈利·波特》所匹敌的兴奋。当日子开始倒数到11月电影公映的时候，罗琳无法阻止自己和粉丝们一样期待它的到来。

这是一种不错的感觉。

"我会跟大家一样，坐在那里，真心想看魁地奇，"她告诉CNN记者莱利·金说，"那是我最想要看到的。为了能在现实中看到，我在头脑里想象了10年。每次想到这我就感觉自己像个小孩。"

第十三章
现实……幻想

这种像孩子一样的感觉日夜陪伴罗琳一直到2001年11月,《哈利·波特与魔法石》电影的发布。最终,在2001年10月,J.K.罗琳被告知电影已完成,并且为她安排了一次特殊的放映。到了约定好的日子,她走进放映室,坐上椅子,等待熄灯观影。

当她看着每个画面闪过荧幕,那些关于她文学作品中的孩子,将受到好莱坞怎样的对待的所有担心,化为乌有。一个几天都不会消失的微笑,出现在她的脸上。内心深处她松了一口气。

好莱坞没有把《哈利·波特》拍错。

"我得说,看到电影的前一周,我是很兴奋的,"她向《CBBC新闻报道》的记者说道,"而且离观影的日期越近,我就越害怕。当我真正坐下准备看电影时,已经吓得不行了。如果现在还有什么错误，那就真的太晚了。但电影到了最后，我是开心的。书中的大部分情节都在。我得说，所有重要部分都在。"

她后来说，特别喜欢的是演员们如何把她的人物表达出来，同时也相当惊奇地看到，现代电影的制作和特效是怎样成功地将她那些最富有想象力的概念，实现于大屏幕之上。

《哈利·波特与魔法石》终于在11月开始放映，好评如潮。罗琳几乎没有在意电影的巨大成功，她的心已经完全投入继续的《哈利·波特》系列中最新的创作——《哈利·波特与凤凰社》，并已开始收到着急的问询，大家想知道下一本书将在什么时候完成。

罗琳不是个喜欢被催促的作家，但她知道，前4本《哈利·波特》几乎是每年出一本，她忠诚的粉丝们开始认为新的《哈利·波特》也会以一年一本的速度出版，在某种意义上，她已经把读者宠坏了。但她的观点是，如果仓促地出版一本书，所写出的故事就不是最好的，也不是她觉得满意的。

此外，对罗琳来说，目前还有一件事，更为重要。

她拥有了爱情，并且要准备结婚了。

多年来，罗琳要想着怎么谋生，如何给自己和女儿杰西卡更好的生活，忙于思考怎么以作家的身份立业，她并没有时间来考虑生命中应该拥有的爱情和浪漫。虽然她在现实中从第一次婚姻里得到了美丽的女儿，但那段婚姻的不愉快，使她对于再次尝试建立那种关系和走进爱情的可能变得迟疑。但是，到了1998年，哈利·波特在全球取得成功，罗琳告诉《星期天电讯报》说，"我所有的梦想都实现了。现在让我们找到完美的另一半吧。"

2001年初，罗琳在双方共同的朋友的派对中，认识了尼尔·莫瑞医生，是一位麻醉主治医师。她立即被他孩子般的长相、犀利的幽默感和他不受自己名声的影响的特质所吸引。而且他略微蓬松的深色头发、有棱有角的面庞和眼镜，使他与长大后的哈利极为相似，这一点也不是什么坏处。这是吸引罗琳的一个原因吗？只有罗琳知道答案，而且她拒绝说明原因。

"我们相遇的那天晚上，他告诉我他读了《哈利·波特与魔法石》的前10页，认为不错，"罗琳在最近一次《伦敦时报》的采访中回忆道，"我当时觉得这真是太棒了。他还没有读我所有的书。他并不确切地知道我到底是谁。这意味着我们可以很自然地了解彼此"。

　　罗琳和尼尔十分合得来，他们很快就决定在一起相处。要了解尼尔很简单，他很健谈，也懂得聆听。和罗琳一样，他有自己的兴趣爱好，并且对自己的工作充满激情。和尼尔在一起时，罗琳可以做任何事或者什么也不用说，都会感觉轻松自在。对于罗琳来说，约会是一种几乎是很遥远的经历了，但在随后的几个月里，他们轻松地相处，一起走在爱丁堡的街道上，在小酒馆和比萨店进餐，友情很快地变成了爱情。

　　尼尔和杰西卡的关系极好，这对于罗琳来说，是在任何私人关系里首要考虑的因素。而且尼尔天性乐观，在他们的私人相处中，一定要一方做出妥协时，他也不觉得有问题。比如，有时罗琳需要写作或处理某些其他关于哈利·波特的杂事。当他们外出时，尼尔并不在意罗琳会被路人要求签名，或是一位焦虑的孩子想要与她谈论哈利。这位年轻医生的大度和给予她的安全感，使他在罗琳眼中愈发有魅力。

　　就像她生活中的其他事件，罗琳坚决要确保她与尼尔的关系不会进入公众和媒体窥探的视野。但不久后，报社就发现了进入罗琳生命中的男子和他们之间的关系，从那以后，他们的名字经常出现在世界各地的八卦新闻中。罗琳对于这次入侵很是沮丧，但知道这也是无法避免的，所以她和尼尔，对于他们私生活的曝光，都摆出了幽默的态度。

2001年7月，罗琳和尼尔坠入爱河，不可自拔，并准备结婚了。他们知道任何公共仪式都将会带来数以百计的记者，将破坏这对恋人期望的安静和私人的仪式。所以罗琳和尼尔决定，在一次秘密又浪漫的加拉帕戈斯群岛旅行中，他们将溜掉，然后秘密地结婚。他们制订了计划，通知了那些希望来参加婚礼的少数人。

不幸的是，报社发现了他们的计划，平时安静的加拉帕戈斯群岛，很快就挤满了记者和摄影师。他们不停地打电话给尼尔的父母、罗琳的出版商和业务代表。罗琳和尼尔感到，原本计划的安静婚礼即将变成媒体云集的盛会，他们决定取消婚礼计划。

这只是暂时的。

随后的几个月里，罗琳和尼尔的爱变得更加深厚。她挽着他的胳臂在11月《哈利·波特与魔法石》的电影首映仪式上亮相，这对恋人购买了阿伯费尔迪小镇中的一栋别墅，决定以此作为他们正式成为夫妻后长期居住的家。他们在公众面前的多次现身，使得越来越多的地球人都知晓了，罗琳和尼尔是正式的一对儿。这些使得这对恋人，越发强烈地希望在上帝面前正式结为夫妻。最后，作为给他们自己的圣诞礼物，罗琳和尼尔决定在2001年12月26日结婚。而且这一次，他们决心一定要避开记者窥探的眼睛。

为了避免任何消息的泄露，这对夫妇请了一位城外的牧师来为他们举行仪式。他们从爱丁堡外 50 英里远的地方，聘请婚后招待宴会的服务人员。15个即将出席仪式的家人、朋友和亲戚都被要求宣誓保守秘密。幸福的夫妇没有选择在爱丁堡市中心的大教堂举行仪式，而是选择在偏远的阿伯费尔迪小镇里的奇力卡斯庄园的大厅里宣读誓言。

12月26日，经过一场大概20分钟的仪式，罗琳和尼尔在奇力卡斯庄园宽敞的大厅内结为合法夫妻。罗琳的女儿，杰西卡担任伴娘之一。妹妹黛安妮和尼尔的姐姐洛娜，也同样是伴娘。罗琳穿着米色的婚纱光彩照人，她已经看到她所梦想的生活有很大一部分成为现实。

然而，这最完美一天的幻境将会是短暂的，现实会再一次闯入他们的生活。罗琳开始感到完成最新一部哈利·波特冒险的压力，并承认她无法在这种情况下舒适地度过一段长期的蜜月。所以夫妇商定，将推迟他们的蜜月，直到罗琳完成《哈利·波特与凤凰社》。

婚礼后，尼尔回到他的麻醉师工作，罗琳则热情地投入手头的写作任务，完成这本全世界都焦急等待着的书。当写完的书稿开始越堆越高，她有一种重新燃起的兴奋和喜悦。罗琳偶尔会给出点小提示，介绍关于这本哈利·波特长期历险记中的新发展。第五本书大约有800多页，其中将包含 38 个章节。有一种观念认为，当人物进入青春期后，他们的关系会有微妙的改变。并且一直有一种说法，至少有1个在之前4本书中的人物，会活不到第六本。

"这是很黑暗的，"罗琳2002年接受英国广播公司的采访中对外界暗示说，"里面有个死亡真的很糟糕，我写的时候就不开心。"

罗琳在其他的记者采访时，继续用小的提示激起读者的兴趣，她会提供更多关于《哈利·波特与凤凰社》将要发生的细节问题。

在一次采访时她说，"德思礼一家会在这本书里出现，还会带来人们意想不到的内容。"她还说，"哈利将会在第五本书中见到真正的疯眼汉穆迪。"还有一次，她说，"为什么有些魔法师会成为幽灵而其他人不会？你将会在第五本书中了解到更多。"

罗琳似乎很享受给她好奇的粉丝们提供更多的线索，暗示哈利·波特在未来会带来什么。在接受记者采访时，她暗示最后的3本书中会发生的事情的重点，可以在《哈利·波特与火焰杯》中找到，邓布利多会告诉他的学生，他们需要抉择什么是正确的或什么是容易的。"这是为后3本书作铺垫。"罗琳说，"所有的人物将面临选择。因为容易的，往往不是正确的。"

当一个粉丝天真地问罗琳，如果她能在霍格沃茨魔法学校待1个小时，她会做什么。罗琳回答说，"我会直接去第四本书中所提到的某个房间，那里有某种哈利还没有发现的魔力。"

最后，为她那些正处青春期的人物顺便加一句，罗琳说"他们现在15岁，荷尔蒙在不断地起作用。罗恩和赫敏之间会发生点什么，只是罗恩还没意识到。他是个很典型的大男孩。"

但这些小趣闻只会使粉丝们暂时满足，当时间一周、一月的过去，新书面世的消息则毫无完成的意思，流言又在全球开始传播，说罗琳写作突然没有了头绪，完成书稿有困难。某些人甚至暗示外界，是因为与尼尔的婚姻使罗琳无法从事手头的工作。英国的布鲁姆斯伯里出版公司，美国的学乐出版社和华纳兄弟公司——拍摄《哈利·波特》电影的公司，本希望有个完美的配合，电影版《哈利·波特与密室》和《哈利·波特与凤凰社》的书籍，能在2002年11月的同一天发布。

但是，到了5月，手稿还没有完成，传闻越来越多，粉丝的反应开始变得更懊恼。确实有必要对大众做个交代了。罗琳的代言人瑞贝卡·索特在5月发表了一段简短但明确的说明，"反驳任何说罗琳写作没有了头绪的传闻。"

但是这段说明并没有平息粉丝们的躁动，他们计算了一下，自从上一本《哈利·波特》的出版到现在，已经过去两年半了。罗琳在这个阶段已经不怎么接受采访。她宁愿集中精力完成新的《哈利·波特》。2002年中，在一次少有的《新闻报道》的访谈中，她提到了书稿拖延的原因。

"这本书大部分已经完成了，"她说，"我只想说这些，因为如果我给你们一个日期，然后又无法完成，每个人都会不开心。我可以告诉你们我有开头、中间和结尾。你能现在一口气读完，而且我知道很多粉丝们会说，'不管它，直接给我们吧。'但我是个完美主义者，希望有更多的时间来完善它。当我看到新闻说我写作没有头绪的时候，我忍不住会笑出来，因为我觉得我从来没有过写作没头绪的时候。"

不幸的是，这种公开声明并没有使媒体平静下来。当罗琳本人不再亲自提供消息时，记者们已经现身在阿伯费尔迪镇，开始盘问路人、咖啡店里的人和其他行业人士，问他们罗琳最近是否外出？他们是否知道任何有关她第五本书的进展？小镇的人们拒绝透露。对于小镇住着一位世界著名作家的好奇，镇里的居民已经过了兴奋期，他们对罗琳和她的家人接地气的生活方式，产生了好感，并且非常愿意保护她的隐私。所以别说阿伯费尔迪小镇的居民根本不了解罗琳和她的写作生活，即使他们知道，也不会说。

　　一个将会在接下来几个月里被揭示的秘密是：虽然努力编写着《哈利·波特与凤凰社》，罗琳还是匀出一些时间，挑战另外一部作品，她之后将此描述为"更成人化"的"小说"的作品。这部作品至今仍未完成。

　　罗琳继续利用声望做许多针对个人和慈善团体的好事。据报道，在2002年4月，罗琳已将她在苏格兰爱丁堡的老房子，转让给一位老朋友，菲奥娜·威尔森，她同样也是一位单身母亲，在罗琳困难的日子里，她成了罗琳长期的支持者和密友。

　　罗琳一直支持倡导单亲家庭应该拥有的权利和获得资助，她经常对政府削减单亲家庭服务经费的计划表示抗议。她坚持说，试图通过政府支援而生存的单亲母亲们，常常处在人格被侮辱的状态下。罗琳指出，在哈利·波特出版前，她作为一位单亲母亲的生活状态，只是所有单亲母亲所面临的一小部分难题。

"在得知我依靠政府资源的那段时间，后来刊登的那些关于我的文章，描述的甚至有些不切实际。"她告诉《每日镜报》说，"常见的陈词滥调把我描述成在阁楼里挨饿的凄美作家，看似栩栩如生，但是这跟我真实的带着孩子生活在贫困中的事实，是不一样的。事实上是我贫穷得觉得很丢脸。"

她仍是一位强有力和坦率的多发性硬化症病人的同情者。母亲因这种疾病而导致死亡的伤心回忆，还留在她心目中，使她几乎每日都沉浸在这种痛苦之中。

关于单亲家庭的问题，罗琳也不是动口说说。通过与英国慈善组织、单亲家庭国民协会的合作，罗琳尽全力地发挥着自己的优势，制定了一套筹资的短故事集，书名叫《魔法》，好为慈善机构筹集资金。这本书里的故事分别来自英国著名作家，如苏·汤森德、费·威尔登、乔·哈利斯、埃拉贝拉·威尔、米亚·西奥尔、本·奥克利和克里斯托弗·布鲁克米尔。最初，罗琳本想给故事集写一篇完全新颖的短故事，但最终她改变了自己的想法，决定写一篇该书的前言，详细地记述了自己作为单身母亲所经历的卑微与耻辱的点点滴滴。《魔法》最终为慈善机构筹得超过100万美元的基金。

虽然罗琳非常公开地支持这些很受关注的事业，但涉及这些微小又高尚的事件时，还是非常注重隐私的，尤其是涉及某些生病或垂死的孩子的事件。因为她不爱张扬的性格，做的好事经常会在几个星期、几个月甚至几年后才为人所知。

一个名叫阿比·卡普的9岁女孩，刚刚经历了一次濒临死亡的体验和心脏移植的救治，罗琳得知她的困境后，给她寄送了一只玩具猫头鹰和一封鼓励的信。

最令罗琳痛心的一个经历，是关于纽约州奥尔巴尼的一个6岁小姑娘凯迪·霍克。凯迪是一位《哈利·波特》忠实的粉丝，已被诊断出患有严重的儿童期发作的癌症。当医生告知其癌症已经出现转移，幼小的凯迪仅剩几个星期的生命时，凯迪和她的母亲吉娜几乎就要读到《哈利·波特与阿兹卡班的囚徒》的结尾了。跟所有的《哈利·波特》读者一样，凯迪不顾一切地想知道后面会发生什么，而母亲认为，与她最爱的作者的联系，将有助于让凯迪在最后的时日里得到些许的安慰。一位好友向罗琳的出版社发送了一封邮件，讲述凯迪的故事，询问是否可能让罗琳与将死的孩子进行联系。罗琳非常感动，也深感悲痛。她立即发送了一封亲笔信，在那上面，她只简单地签署了"乔"。

这开启了二人之间的电子通信，罗琳在信中用正在写的新书《哈利·波特和火焰杯》中的片段，安慰这个疾病缠身的孩子。可惜的是，凯迪的病情继续恶化，在某一刻确定了凯迪仅剩几天的生命的时候，罗琳做了个重大的决定，想办法亲自给凯迪打电话，通过电话给孩子朗读大段的、尚未出版的《哈利·波特与火焰杯》。

凯迪的母亲吉娜告诉《周日镜报》的记者，"我们让凯迪坐在沙发上，而乔则通过电话给她朗读。凯迪的脸瞬间有了光彩。我将永远感激乔为我们做的一切。她愿意与凯迪建立这种联系，对我们来说已是无价之宝。"

罗琳给凯迪打了4次电话，为她读书。可惜，孩子的情况持续恶化，在2000年5月18日去世。她死后，罗琳告诉凯迪的父母，他们的女儿已"在我的心中留下了属于她的印记"。

在 2002年的几个月里，罗琳、尼尔和杰西卡已适应了一个安静的生活方式。杰西卡，早熟且聪明过人，已经开始上学。当杰西卡一点点长大，已经学会了如何适应一位名人做她的母亲，并成长为一个头脑清醒、正常的孩子。尼尔在利云斯顿附近的圣约翰医院工作。罗琳偶然会在阿伯费尔迪逛逛街。全家人偶尔会给自己放几天假，出去玩，但在大多数情况下，罗琳还是在努力完成《哈利·波特与凤凰社》。

不幸的是，她早期写作习惯的曝光，使得她无法直接去一家咖啡店，坐在一张桌子旁写作。但好在她已开始习惯在家里整齐的书房里工作。然而，在一个学校杂志的访谈中，她承认自己确实怀念过去在尼科尔森咖啡馆的日子，宝宝杰西卡酣睡在她身边，她则伏在桌前奋笔疾书。

"我仍然觉得一间大大的咖啡店里，窗户旁边的座位是最佳写作地点，"她说，"大咖啡店里一个被忽略的小角落，面朝一条有趣的街道，不许抽烟并且还出售浓咖啡。"

新书的进展十分顺利。罗琳为自己的工作进展感到鼓舞。因此，在一次《时报》的采访中，当被问到新的书籍是否有可能在圣诞节出版时，她表示"很可能"。"手稿漂亮地摞在一起，简洁、质朴还很厚。"她补充说。

但完美主义者的罗琳知道，事实上还需要一段时间，她才会觉得她已经把《哈利·波特与凤凰社》里面需要改的东西都修改了。

在这段时间里，罗琳也跟进着第二部哈利·波特电影——《哈利·波特与密室》的进展。导演克里斯·哥伦布和编剧史蒂夫·科洛弗再次被安排负责《哈利·波特与密室》的电影制作，这让罗琳得到很大的安慰，她高兴地得知这些经验丰富的老手，将再一次参与解读她的作品。第二部电影的剧本真的很忠实于原著。另外还让她感到高兴的是，演员们会跟第一部电影一样，还会来向她询问任何关于他们角色的问题。罗琳将会收到片场发来的进度报告，另外她也很开心地获知，原来的结构和地点将继续延续，仍会选景在伦敦和苏格兰周围的地点。

第一部《哈利·波特》电影上映的3天后，他们便开始了第二部《哈利·波特与密室》的拍摄。导演克里斯·哥伦布说，他知道《哈利·波特与密室》将是一部不一样的电影。

"（两部影片）有类似的元素，但这一部更阴暗，更尖锐而且更令人兴奋，"哥伦布是这样告诉英国广播公司的，"拍摄第二部电影的好处是，人物在第一部电影里就已经设定好了，所以这次我们可以直接进入故事情节"。

导演还承认，第二部影片的另一个优势，是担任主演的儿童演员对于自己的角色，有了更多的自信和适应度。

"他们在第一部里拍摄了150多天，所以再次回来拍摄《哈利·波特与密室》，也带回来了新的信心，这使他们的表演变得更好了。"

和其他的人一样，罗琳到拍摄地探班影片的进展时，心中有着许多好奇。

影片中的3位儿童演员：丹尼尔·拉德克里夫、埃玛·沃森和鲁珀特·格林特，现在已经长大了1岁，她解释说，书中的人物也大了1岁。《哈利·波特与密室》的阴暗性质，曾让罗琳产生了片刻的担心，但她很快就认识到，读了她的书的孩子们，应该可以轻易地接受荧幕上那些玄妙，但时常会伴随噩梦般的图景。

罗琳在《哈利·波特与密室》的电影版发布后，接受布劳顿高中杂志《高中》的采访中，回想到她对于电影会怎样改编她的书，丝毫不担心。

"原本我担心把书拍成电影，是因为我觉得当时写的不够多。我不想要他们拍出不是我写的续集，在那种情况下，电影公司能把我的人物们送到拉斯维加斯度假，或是做其他类似荒谬的举动。最后觉得自己写的够多了后才同意，因为那时候可以使制片人，很难将哈利和他的伙伴们往我不希望的方向改编。"

当媒体的关注进入高潮时，传闻便开始浮出水面，说罗琳已秘密从写作中匀出时间，去了一个隐蔽的电影拍摄景点，在那里据说出演了电影的一个小角色。罗琳听到这种说法后大笑。如果能这样做，真是挺好玩的，但在那个时候，她既没有想法，也没有时间去玩玩当演员的游戏。

在整个冬季直到夏季，罗琳都在继续创作着她的《哈利·波特与凤凰社》。婚后生活的幸福不断为她注入活力。杰西卡已长成一个罗琳所希望和祈求成为的那种聪慧伶俐的小女孩。尼尔是一个勤劳、专一、有爱心的男人，他总是在各个方面支持她。即使是家庭的温馨，在某些时刻，也无法使罗琳开心起来。

她无法躲避从世界各地传来的对于《哈利·波特》这本书的期许与压力。这种压力变得更加紧迫，因为她意识到，不管她怎么努力，也无法在她所希望的2002年12月前完成这本书。

书中某些人物身上新添加的元素，也在给她本人增添压力，尤其是哈利。罗琳后来说道，在这本书里，大家最爱的魔法师正在应付大量的愤怒心理和青春期最初的浪漫迹象。这些对于罗琳来说，都是具有挑战性的因素。另外，罗琳已决定，在《哈利·波特与凤凰社》中，一个重要人物将要被杀掉，这在任何情况下，都是大胆的一步，而在儿童图书中，这总归是一个较大的风险。这个死亡的压力，令罗琳无法承受。有一天，尼尔发现罗琳在厨房里号啕大哭。

"我已经重写了这次死亡，重写了，这真的就完事了，"罗琳在《澳大利亚人报》的一篇文章中写道，"这个人绝对死了。"

尼尔是个好老公，他建议说，如果这个人物的死亡使她那么不开心，也许就不要杀掉这个人物了。罗琳告诉他，"但是，那样不行啊，当你写的是儿童图书时，有的时候你必须是残酷无情的刽子手"。

写作的同时，罗琳也在反省作品给她带来名望的好处和坏处。好处是，她永远都不会再有物质匮乏之苦，意味着她和家人一辈子在物质生活上的安全感。坏处是，她作为成功的作者，已经被永久地推入大众的眼中，而罗琳经过这么多年在文学小空间内的生活，仍然还很羞涩，不喜欢与人打交道，也不喜欢鹤立鸡群，或是能轻松应对人们对她私人时间的不断索求。尼尔和杰西卡完全了解人们对她的那些索求，从不抱怨。

罗琳仍然受不了她认为是一种对于家庭时间和写作时间不必要的侵犯，她向苏格兰人报网站的记者讲述这种沮丧感。"有时我很乐意还回去一些金钱，以换取一些平静的写作时间，和那些让她觉得有压力的事情。我已经出名了，但是对此我感觉并不舒服。因为名声，有些很麻烦的事情发生了，而我需要有很大的毅力，才能排除它的干扰。在一些不顺利的日子里，真怀疑这一切到底值不值，但我还是继续努力。"

不幸的是，手头的任务在仲夏时似乎变得更加困难。罗琳觉得无法专心工作，总感觉身体有些异常。去看过医生后，她的怀疑被证实了。

罗琳怀孕了。

第十四章
秘密被透露……生活继续

听到消息后，罗琳的情绪很复杂。但有一件事是肯定的……

她脸颊上流过的泪水是幸福的。

尼尔得知他要第一次当爸爸的消息后，兴奋不已。杰西卡也很高兴家里会有弟弟或者妹妹。当最初的兴奋劲儿过了后，罗琳更理智地看待这件神圣的事。她思索着，如果这么快向世界宣布怀孕的消息，只会增加在2002年7月仍未完成的哈利·波特所给她带来的压力。现在媒体已经在传闻，说第二部《哈利·波特》电影是多么的黑暗与可怕，甚至会吓跑许多《哈利·波特》的观众。在这种背景之下，她非常理智地决定，再等几个月再宣布怀孕的消息。

在夏季剩余的时间里，罗琳有计划地完善与调整这份将超过 250 000字的文稿。但是罗琳的思考却从未远离肚子里慢慢成长的宝宝。她常常幻想着未来，这个新生儿将给他们带来什么样的惊喜与快乐。

到了9月，传闻已经在蔓延，说《哈利·波特》的作者的确有了孩子，因此她认为是时候正式公布一下了。就这样，罗琳的代言人，妮琦·斯彤海尔发布了一个简短的声明，说："罗琳和尼尔医生的孩子大概春天出生。"

这条新闻获得的反应完全是正面的积极的。互联网聊天室里人们不断讨论是男孩还是女孩？会叫什么名字？就是在这个时候，一个围绕罗琳和哈利·波特的传言再次浮出水面。

许多报纸都报道说，《哈利·波特》的第六、第七和第八本已经选好了名字，据说是《哈利·波特与伏尔玛的金字塔》《哈利·波特与光芒战车》和《哈利·波特与炼金术师的空间》。与其说愤怒，倒不如说感到好笑，罗琳告诉英国广播公司记者，"没有人，真的没有一个人，甚至我的家人或其他任何人知道，第六、第七本书的标题。我将继续保持这种节奏状态。"

关于传闻中的第八本书，罗琳宣布她在第七本后，对哈利没有任何写作计划，而且就算她额外写哈利·波特的书，最有可能的是哈利·波特世界的百科全书，其收益将会送给慈善机构。

在继续完善《哈利·波特与凤凰社》的过程中，罗琳已经逐渐形成了一种很舒适的写作方式。不写书的时候，她望着窗外，看着周围宁静的乡村和森林，考量所有事情：未来的宝宝、她与一个好人的幸福婚姻，还有惊叹于杰西卡的成长。她是个幸运的女人。也是一名会继续寻找方法帮助别人的女人。

当万圣节开始接近，罗琳已做好心理准备看到无穷无尽的《哈利·波特》里的人物游走在世界各个城镇和城市要糖吃。她感到荣幸，但也觉得在节假日期间，应该帮助其他人。

罗琳有想法了……她要使霍格沃茨成为现实。

通过一系列的电话，罗琳发现苏格兰历史性的斯特灵城堡可以用。在她专业的指导下，斯特灵城堡，神圣的殿堂，古风的通道和宴会厅，魔术般地变成了她幻想的学院——霍格沃茨学院。特别邀请被发送出去。若付250英镑，你就可以在霍格沃茨魔法学校待上一晚，所有收到的钱会捐给代表多发性硬化症的慈善机构。在2002年11月1日的夜晚，应邀参加的嘉宾受到了来自《哈利·波特》系列中人物的款待。各式魔法师和魔术师宣传他们的商品。有一顿丰盛的晚餐，同时还有一个与霍格沃茨相关物品的拍卖会。最终，这是一次充满善意且壮观而美好的夜晚，筹到的款额大约为27.5万英镑。

第二天对罗琳来说很重要。她兴奋地打扮好自己，准备参加在伦敦《哈利·波特与密室》的首映。就像之前一样，罗琳又是非常兴奋、紧张和好奇。对于她来说，同样的问题需要得到新的回答。

那天晚上，怀孕5个月的罗琳，挽着尼尔的胳臂，光芒四射地走在欧迪莱斯特剧院的红毯上，伴随着突降的暴雨，她稍显紧张地对着周围摄影记者们不停闪烁的闪光灯微笑着。当她勇敢地站在那儿，旁边陪伴着面带笑容、支持着她的尼尔，在记者为他们拍照的时候，她的眼神掠过摄影师……顿时感到无比惊讶。

一排一排的粉丝，在首映上不可思议地穿着霍格沃茨学院的服饰出现，但是他们绝对是无法进入影院的。罗琳在进入剧院前，热情地向他们挥手致意。

《人物》杂志报道说，那天晚上，有人听到罗琳说："我从没想到人们会这么狂热。当我写这本书时候，我要是想到会这样，那我简直是疯了。"

她再一次充满希望地看着灯光变暗，再一次获得了奖赏。克里斯·哥伦布和斯蒂芬·科洛弗再次施展了他们的魔法，哈利和他的世界在荧幕上成为现实。人物们再次长大了。可怕的地方的确可怕，但还没有太可怕。好莱坞再次抓住了她的书的魔力和丰富的想象力。

　　罗琳对电影是如此的满意，以至于她克服了自己的羞涩，在放映结束后，主动停留与媒体谈论。也就在这时，英国广播公司记者获得了整个世界都等了许久的消息。

　　"我已经在为书稿进行最后的修饰了。"她说，"我还有几周就能给出版社了。我真的对它很满意。我只要去再稍微调整一下，就可以给出版商了"。

　　正如她所说，在2002年12月的上旬，她将已完成的文稿《哈利·波特与凤凰社》交给布鲁姆斯伯里出版社。

　　鼓励儿童阅读，依然是罗琳主要的文化使命，她利用这个作为借口，剧透一点这本书的内容，来吸引粉丝们。罗琳写了个93字的文档透露了一些《哈利·波特与凤凰社》的剧情。她将文档转给著名的伦敦拍卖行——苏富比拍卖行，在12月12日拍卖，所有收益将给国际书援组织。关于这个收藏极品，消息快速地传开，那天的拍卖非常热烈。当拍卖槌最终敲下，文件以45 300美元售出，购买者是一名美国收藏家。

随着《哈利·波特与凤凰社》的完成，罗琳突然发现自己有了相当多的自由时间。其中许多时间都用于关注杰西卡和为第二个孩子的到来做准备。罗琳也常常在哈利·波特互联网聊天室里，用假姓名和孩子们交流，并了解他们对《哈利·波特》的印象和想法。在写第二本书《哈利·波特与密室时》时，罗琳熟悉了互联网，并迷上了通过电脑网络空间沟通的概念。

"把你的想法敲进网络空间并获取答案，你也不知道是谁应答了你。"

罗琳也将每天这难得的闲暇时间，分给自己几个小时，她通常会去爱丁堡购物或者做些琐碎的杂务。在这些时候，她会穿得很随意，非常不同于她周围的人认知的整洁、规矩的作者。在这样的状态下，罗琳通常会被忽略，但据《人物》杂志的文章介绍，有一天她被一位当地记者看见身穿令人惊讶的服饰。

"她穿着高跟鞋，黑裤子，印着动物图案的外套，头发蓬乱，"司考特·道格拉斯报道说，"我当时就想，'这真是罗琳，她显然有不修边幅的一面。'"

不幸的是，名声大的代价很快使罗琳感到不适。随着她在全世界变得如此出名，发现自己成了过于热心和痴迷粉的目标，他们无时无刻给她的书信和关注，变得令人不安。
因为家人和自己的安危永远是她最关心的，在2002年，罗琳
的房子周围已有8英尺高的围墙，带有电栅栏，这看起来让
人感到悲哀。

在这几个月中，事情并不都是那么严重的。作为长期
的《辛普森一家人》的粉丝，罗琳曾获得其创造人——马
特·格罗宁的邀请，应邀出现在《辛普森一家人》一集的
片段中。其中辛普森家族去英国旅行，并在书店与罗琳碰
面，在那里他们与作者交流漫画并寒暄几句。罗琳热情地答
应了，并在录制她的对话时玩得很开心。那集动画的标题为
《英国女王的独白》，在2003年播出时好评如潮。

在她孕期的最后1个月，罗琳继续被《哈利·波特与阿
兹卡班的囚徒》的初期拍摄传来的消息鼓励着。2月24日，
拍摄在伦敦利维斯顿摄影棚正式开始，并将继续在伦敦和
苏格兰的户外地点拍摄。演员中有加里·奥德曼（饰演小
天狼星布莱克），迈克尔·甘本（饰邓布利多教授），提姆
斯·斯堡尔（饰小矮星·彼德），大卫·修利斯（饰卢平
教授），帕姆·弗里斯（饰马吉的姨妈），保罗·怀特豪斯
（饰卡多跟爵士）。

随着影片制作的开始，导演阿方索·卡隆自豪地告诉

记者，"将这样丰富且广受欢迎的作品交给我，又有机会与这些非同寻常的演员和工作人员合作下一部《哈利·波特》，这是一种荣誉。我期待着将这精巧的故事呈现在荧幕上，并与全世界的观众分享。"

这庞大的电影制作有着标志性的特效，以及数以百计的临时演员的场景，它将是一次长期、复杂的创作。因此，虽然前两部影片都赶在圣诞时上映，但是这次电影公司知道是不能匆忙拍摄的。它很早就宣布《哈利·波特与阿兹卡班的囚徒》要等到 2004 年初（也许 2 月或 3 月），但最有可能是要等到 5 月或 6 月才会上映。

罗琳在《星期日先驱报》的采访中，曾经将过去的一年描述为"地狱般的、压力巨大"的一年，接下来她则有了一段安静思考和独处的时光，等待着令人愉悦的结果。她已经开始创作第六部《哈利·波特》的早期内容，但发现自己很难将注意力集中于手头的任务。在一次罕见的粉丝回信中，据魔法师新闻网站报告，罗琳告诉她的少年粉丝，"我怀孕以后，写作真的变得好奇特。"

虽然出于责任，她必须关注哈利·波特的工作，但是罗琳在舒适的状态中，度过最后一个月的怀孕期。芭芭拉·莫瑞，尼尔的母亲，在《人物》杂志的采访中介绍说，"她现在很轻松，而且容光焕发。她对宝宝的到来非常满意，他们的婚姻也很美满。"

那些和她关系极好的人们知道，尽管有了新的婚姻，未来的婴儿，加之作品，使她在全世界仍在增长的名望，所有这些都没有怎么改变罗琳的生活，她仍然还是原来的那个罗琳。

"罗琳还是那样的脚踏实地。"她的公共事务处理专员，罗斯蒙德·德拉黑在一篇《人物》的专访中指出，"她的日常生活没有多少改变，唯一的显著变化，是她现在有了更多的财务自由。"

年初不久之后，罗琳的出版社宣布《哈利·波特与凤凰社》将会在 2003年6月21日出现在各大书店之中。这个消息宣布不久后，罗琳进入分娩期。

3月24日，星期日，罗琳被尼尔开车送到新皇家疗养院的辛普森生育健康中心。入住不久后，体重 8英磅的戴卫·戈登·罗琳·莫瑞诞生了。罗琳的第二个孩子是全世界好奇的焦点，但是真正最先报道这些消息的是当地的苏格兰媒体，比如《爱丁堡晚间新闻报》。

孩子出生后不久，罗琳的代言人妮琦·斯彤海尔宣布了孩子的出生，并补充道，"母亲和孩子都安好。"

尼尔的母亲，芭芭拉·莫瑞，是首先开始公开谈论孙子诞生的人，她在接受《爱丁堡晚间新闻报》采访时说，"我见到了戴卫，他胖起来了，超过 8 磅了。罗琳和宝宝都很健康。我们都高兴得不得了。"

短暂的休整期后，罗琳和婴儿被自豪的父亲尼尔带回有着严密的安保设施的家中。少数得以进入他们房子来看孩子的朋友和家人，必须通过检查，而且能被允许进入的人数真的很少。

罗琳早就表示过，将不会像上本书一样为《哈利·波特与凤凰社》做宣传巡回，这次又加上戴卫的出生，她的出版商宣布，她会接受少数的采访，并不会再做长期的巡回书展。出版社还正式声明，当这本书出版时，宝宝才3个月大，而且和其他母亲一样，她想要享受这段时间。在一次相关的新闻发布会上，罗琳说，"对于我和丈夫，这是一段十分重要的时间，我们希望尽可能多花时间陪陪宝宝和杰西卡"。

罗琳在之后的几个星期里，几乎过着与世隔绝的生活，每分每秒都争取陪着宝宝。在她充满欢愉低声软语地逗宝宝的时候，母爱的本能明显地体现出来。他们在一起享受安静的时刻，是在别墅里溜达。罗琳会停住，看向窗外，并向她小儿子介绍周围的世界。在那一瞬间，她心中完全没有工作。

但她从公众眼中的消失，并未阻止哈利・波特世界的继续运转。

罗琳的美国出版商——学乐出版公司，在他们的夏季预览目录中公布了《哈利・波特与凤凰社》的情节提要。写的是："伏地魔的崛起已将魔法世界一分为二，那些相信他重生的人，那些宁愿相信这一切都只是疯狂和谎言的人。哈利正在面对着魔法世界政府的不可靠和霍格沃茨魔法学校里权威的无力"。

4月，由英国广播公司与其他媒体组织的新闻发布会聚到了一起，宣布《哈利・波特与密室》DVD的发行。但关于这类事件，真正的新闻只包括那么一丁点关于未来的《哈利・波特》电影的消息。

制片人戴卫・海曼宣布，自今年2月以来，《哈利・波特与阿兹卡班的囚徒》已在伦敦内外和英国的乡村进行拍摄，而且拍摄计划完全按照计划开展着。海曼用一个例子向《哈利・波特》粉丝们解释他们可以在荧幕上期待看到的场景。这个例子是电影公司最近拍摄的一个在格兰芬多魔法学校休息室里发生的片段：麦格教授因为纳维把入室密语写在了纸上，并到处乱放而生气。罗比·科尔特兰是在前两个《哈利·波特》电影中饰海格的演员，他说在这部电影里，角色有些新的东西。"海格具有新造型了。"他在新闻发布会上说。"他有了件马甲。衣服看起来像自己做的，如果此次也是，我也不会觉得意外。"

制片人海曼还透露，编剧斯蒂芬·科洛弗已在努力创作《哈利·波特与火焰杯》的剧本。他指出，虽然该剧本正在以一部电影的角度去写，但是因为故事的长度和复杂性，《哈利·波特与火焰杯》也可能最终被拍成两部电影。《哈利·波特与火焰杯》将最有可能在2004年开始拍摄，电影会在第三部上映一年到一年半之后才会上映。

许多人最关心的一件事是，《哈利·波特》电影里的童星也在长大，可能在某个时候，他们将无法继续演自己的角色。海曼回答了这个问题，谈到了在《哈利·波特与阿兹卡班的囚徒》中的丹尼尔·拉德克里夫、艾玛·沃森和鲁珀特·格林特是不是最后一次走进哈利·波特世界的问题。

"我的希望是使用原班人马。但现在这样说还太早，目前还无法确定。"

克里斯·哥伦布在新闻发布会上的回答，也回应了另一个传言：《哈利·波特》电影前两部的导演是否会将返回接手第四部。为了花更多时间陪伴家人而拒绝导演《哈利・波特与阿兹卡班的囚犯》的哥伦布表示，"哈利・波特四似乎有点太快了，但哈利・波特五是有可能的。"

5月初，《哈利・波特与凤凰社》的书稿被编辑完后，在和皇室出行时同样严密的安全保护措施下，稿子被送往附近的萨福克镇，克雷有限公司的印刷厂，在那里，罗琳的新书将被印制。几乎跟罗琳的书一样有魔性的传闻开始扩散。

一条传得很广的传言是，装新书的箱子只会在出版日期的前一天，由武装警卫拿到书店。另一条被多次爆料的传闻是该书在编辑后，罗琳和出版商给他们的封面艺术家杰森・考克斯克劳夫特发送的是，他们所期望的书皮样本描述，以至于不用读该书而产生自己的想法。一位提前读到这本书的人是玛利・格兰达・普莱——为该书描绘插图，她需要在画前阅读整个故事。

这段时间人们疯狂地猜测，罗琳是否会让尼尔或女儿杰西卡提前阅读她的书。许多人认为，她的丈夫和女儿都在监视她写作的进展，并很可能知道部分甚至整本书的内容。但这些猜测没有人可以肯定。

赠阅本被极为小心翼翼地分发给了有影响力的书评家

们，同时这些书评家们被严肃警告，一定要注意发表书评太早或过度剧透会带来严重的后果。

对许多人而言，这些预防措施可能会显示有点儿过。但是因为哈利·波特在全球的知名度，出现了传闻说，有些人试图盗取该书的文稿，将会向某些特定媒体出售，从而影响该书将给忠实读者们带来的惊喜。罗琳对这些防御措施没有任何反对意见。

尽管有了这些预防措施，但罗琳最怕的事情还是在2003年5月的第二个星期里发生了。

基思·维伯，一位卡车司机，当他走在萨福克郡的一片野地上时，低头发现了几本又旧、又没有封皮的废书。在接受《太阳报》采访时，维伯讲述了之后发生的事情。

"我在想着这会是什么东西呢，然后把它们捡了起来。当我读了前几页后很惊讶地发现，它们竟然是最新版的哈利·波特书籍"。

给维伯提供提示的是书的第一页有《哈利·波特与凤凰社》和罗琳的名字。维伯还看到第二页写着这本书奉献给"尼尔、戴卫和杰西卡，他们让我的生活变得神奇。"

令人惊讶的是，维伯首先想到的是给《太阳报》报社打电话，并报告他的发现。维伯最终将这几本书交给了报社。

但《太阳报》报社——这个总发表八卦和耸人听闻消息的报社，他们的行为更加令人惊奇。报纸的编辑们将该书锁在保险箱里，不让任何人阅读，还给罗琳的出版商打电话，让他们来取走。

当罗琳听到消息时，先是感到十分伤心，但得知书已被归还，并且还没人读过后，便安心了。不过，她的担心再次出现，因为《太阳报》和其他几个新闻出版机构都收到了神秘的电话，询问是否可以以高价将新书的前3章卖给他们。新闻出版机构都拒绝了这个出价，但人们还是担心，至少还有什么人手上有一本《哈利·波特与凤凰社》企图破坏人们的阅读惊喜。

萨福克郡的警方介入，开始调查该书是否从印刷厂被盗窃。几天后，一名44岁的男子被逮捕，被指控偷窃新书的章节，还有两个青年男子也被逮捕，被指控买卖赃物，大家终于都松了口气。

罗琳很遗憾这些人为了钱而犯罪。但也感到欣慰，这样一来，数百万的孩子就不会失去打开《哈利·波特与凤凰社》，阅读新书页所带来的惊喜了。她再一次反思名声的代价，以及与她的工作相关的那些偶尔的不愉快。不幸的是，她无法防止这些事情的发生，所以决定忘掉不愉快，多想想好事。

日子一天一天地倒数至6月21日——《哈利·波特与凤凰社》的出版日。全球各地的书店都在为新书的出售做准备，有的组织店内活动或者围绕哈利·波特的阅读。

许多商店已经安排在午夜开始销售新书。罗琳还说，她不会参与太多采访。她要做的，虽然不会像多年前在加拿大那样，大规模朗读新书的活动，但是她会做为了孩子福祉考虑的事情。

罗琳同意在6月26日，也就是《哈利·波特与凤凰社》出版 5 天后，在著名的伦敦皇家阿尔伯特大厅现身，回答关于她新书的问题。听众将是 4 000 名儿童，他们都是通过英国和美国的两个出版商举办的比赛而选出的。

罗琳还是坚持自己或自己的婴儿不要出现在公众的面前，现在孩子将近两个月大了。

5月的苏格兰的天气，可以从阳光温暖瞬间变成寒冷的下雨天。关于这一点，没有任何地方比苏格兰北边——格伦克起伏的山丘和森林更明显，《哈利·波特与阿兹卡班的囚徒》也正是在那里拍摄。

因为下雨，刽子手访问海格的小屋这一幕，室外拍摄场景被推迟了3天。足智多谋的制片人们，为了不受这些无法改变的情况的控制，在附近的威廉姆斯堡拍摄了内部场景。当雨停了后，柯伦导演将拍摄再次移回了室外，在那里花了数天的时间，在海格的小屋拍摄了以上所述的场景，加上影片中的3个主演和100多名儿童临时演员，许多涉及霍格沃茨城堡的场景也同时完成了。

5月底，戴卫两个月大了。这是一段幸福和充满期待的时光。在较短的时间内，尼尔已经成了理想的父亲，照顾儿子的需要，并在罗琳需要休息或写作的时候，热衷于与他独处。杰西卡非常喜爱弟弟，有时间就会一起玩虚构的游戏。

罗琳还在继续写第六本《哈利・波特》，而且这次她写得更加悠闲。罗琳不愿意再匆忙完成比以往更为复杂的故事线，还要满足出版社一年一更新的希望。所以这次她公开宣布，将花更多的时间写下一本书，所以读者将可能要等到2005年才会读到新的《哈利・波特》。罗琳发布公告后，有许多人都很失望，但粉丝们最终意识到，如果要得到罗琳写出的最佳的《哈利・波特》，他们就需要有耐心。

罗琳情绪复杂地意识到，创作第六本《哈利・波特》，意味着她几乎已完成了说好的7本书的旅途。最后一本书完成后，哈利将18岁，并已准备好面对世界。到了那个时刻，罗琳该怎么办呢？物质上，她绝不会再缺任何东西，甚至可以不再写作，也永远不需要工作。但罗琳认为，作家活着就是为了写作，虽然不知道哈利之后会怎么办，但她相信自己还是会继续写作。

到了6月初，《哈利·波特》狂热开始转入高潮。书店和网站开始倒计时，天、小时，甚至是每一秒。报纸和杂志都发布了罗琳和最新作品的故事。一篇文章说在6月20日午夜的时候，光是美国就会发行近900万本《哈利·波特与凤凰社》。一份来自爱尔兰的报告表示，这次新书的销售将轻而易举地超越《圣经》销售的数量。俄勒冈的一个图书馆在全世界出了名，因为他们宣布订购700份《哈利·波特与凤凰社》，好应对1 000多个已经提出的图书借阅申请。

罗琳继续为作品的名声感到惊讶。但随后她会听到孩子的哭闹声，这是只有母亲才能理解的恳求关注的哭喊。在这些时刻，罗琳最清楚什么才是重要的。

还有一件更令人惊奇的事情，罗琳最近看到在英国和苏格兰进行的大选，重点调查全国最有权和最富有的人选。《星期日时报》进行了一次调查，罗琳发现自己处在英国最富有人的列表近顶部，竟然比伊丽莎白女王还高11位。在苏格兰的最有权的100人列表中，罗琳排名第四。

罗琳告诉记者，看着这些列表，很难相信自己会在上面。在许多方面，列表上的人对她来说十分不熟悉。毕竟，仅在几年前，她还曾是一位住在简陋的公寓、靠救济金生活的单亲妈妈。现在她拥有了别墅和爱她的家庭。罗琳知道这是梦想成真。但也为自己自豪，因为就算自己有因哈利而带来的荣誉，但她依然保持着自己原有的价值观。她知道对于金钱和权力，曾经让许多人在走进公众的关注中心后变坏，而她也知道她没有变成那种人。

在《哈利·波特与凤凰社》出版前，罗琳同意接受几个访谈。因为她有之前4本书所做过的访谈的经验，罗琳以为她就是回答一系列回答得上来的问题。但她很快就意识到，过去的两年里发生了许多事。虽然访谈有相当一部分是围绕新书，但也有许多问及她的婴儿、丈夫和很多其他很隐私的事情。由于性格内敛，罗琳会简单、含糊地回答这些问题，拒绝给出任何细节。她很感激那些比较八卦的记者，没有为了个人信息而继续追问她，更令她开心的是，她发现对此类图书迟钝的记者们，对于即将出版的《哈利·波特与凤凰社》保持着高度的热情。

罗琳以为所有围绕着《哈利·波特与凤凰社》发行，都带着不可思议的兴奋，似乎把更多的注意力集中于书籍的故事方面，而不是故事里面蕴含的欢乐，但她十分振奋地发现，许多粉丝在把他们对《哈利·波特》的热情转移到慈善上。阿丹姆·莴同，一个15岁的英国小伙子，拍卖了几本签了名的《哈利·波特》，为儿童肝脏疾病协会筹了1 000多英镑。

在这段时间，罗琳继续收到《哈利·波特与阿兹卡班的囚徒》在附近格兰克的拍摄进展。而这些报告也不一定是好的。一场意外的火灾使拍摄工作暂时停止了几天，加上下雨、泥泞以及无处不在的苍蝇，使制片落后了整整两星期。有一次，情况变得很糟糕，摄制组需要用雪地车才能把演员们送往山顶。糟糕的是，室外场景拍摄地的霍格沃茨桥的内部和周围的拍摄条件变得很恶劣，人们不得不将整个桥拆下来，并在伦敦的摄影棚里重建。

尽管如此，她还是很高兴地听说影片的发布日期被明确地设在2004年6月4日。另外，她很诧异地听说许多媒体公司已在报道，说华纳兄弟影业公司已将第六本《哈利·波特》规划为两部电影。而第六本书远远没有完成，因此罗琳觉得很是奇怪，他们如何能够这样胸有成竹地发言。但她并没有让这些流言干扰自己的生活和工作。

罗琳继续为戴卫着迷。她已多年没有处理新生儿的日常需求的经历，所以生活里的这些最平凡的时刻，都能让她找到令人难以置信的喜悦。像喂养、搂抱和换尿布这样的繁杂琐碎的事情，充实着她的每一天，也帮她稍微缓解下一个重要事件到来前的紧张心情。罗琳回忆说，在这段时间里，已经习惯每本新的《哈利·波特》给她带来众多的关注，没有任何东西可以抹去《哈利·波特与火焰杯》出版时的巡回宣传给她留下的记忆。

　　但是这次，被问到的很多问题围绕着她和作品。罗琳承认《哈利·波特与凤凰社》对于小说人物和职业生涯都将是个转折点。哈利·波特最终将在较短的时间里完结，然后她将面对下辈子该干什么的问题。虽然自己有信心新书会很成功，但她已经在为未来做计划……

　　关于这个未来，则是她不完全回答得了的。

　　最后，重要的一天终于来到了。全世界已倒计时了几个月，然后几周、几天、几小时。世界各地，书店外已开始排起长队——焦虑的儿童和同样焦虑的家长。书店里面的书被整齐地罗列着，堆得高高的，迎接着粉丝们来到罗琳为他们持续提供的幻境里。

　　2003年6月20日，午夜钟声响起，店门打开。新的一天还没过几分钟，数百万的读者已经翻开新书。冒险的旅途再次展开。尽管她坚持除了在皇家阿尔伯特大厅朗读新书片段以外，她不会再露面，但是在《哈利·波特与凤凰社》出版的当天，罗琳意外地改变了主意，并在新书开卖后不久，未作通知就去了一家爱丁堡的书店，她在那里愉快地签售新书，并与欢愉惊喜的孩子们谈话。

哈利的粉丝们都很兴奋，他们都等不及将书拿回家，一个人或者三五成群地站在书店周围，开始静静地阅读。很快，这成了一种非正式的比赛，看谁能最快把书读完，据调查，一位年轻的大学生，以 104 分钟的时间获胜。在接下来的几天里，将会有无数围绕该书的出版所发生的故事。前几份书评很快就出来了，都是比较一致地赞美这本书，特别提起故事的复杂性和深度，以及对于哈利与同伴们是如何一起成长的解读。但是，也有书评并不否定地指出《哈利·波特与凤凰社》是目前为止最阴森的书。

每本《哈利·波特与凤凰社》被迅速抢购，尽管很多店订购了数千本，他们很快就意识到，仅仅在几天内，存货还是不够多，甚至完全卖光。于是他们疯狂地订购更多本，来满足大众的需求。印刷厂在时刻不停地工作，以印刷出更多本书，尽量满足全世界传来的增订需求。

当公众发现，死亡的是小天狼星·布莱克——哈利的好友时，他们开始进行很多的争讨和辩论。最后期待已久的死亡被认为是令人满意的，尽管是个不那么让人愉快的设计处理。

当罗琳收到了消息说她的书立刻跳到若干畅销书名单的第一位时，罗琳很激动并松了一口气。但她的紧张很快又回来了，因为在皇家阿尔伯特大厅的朗读活动，过几天就要开始了。

之前做图书推广时，罗琳不得不克服她的羞涩，但是也很自豪地回想她在加拿大体育场，能够带动数千名观众的能力。同样在上一本书的推广中，她在较小但同样拥挤的房间里，所做的推广活动效果也不错。现在，在公众面前发言的旧时恐惧和不安，再次向她袭来，但是她提醒自己，她将在孩子们——她的最大的支持者们的面前发言，然后感到镇定多了。

但是，等到了在伦敦的皇家阿尔伯特大厅露面的那天，她仍然处于兴奋的状态。除非是工作需要的原因，她很少去伦敦，所以这回，她再一次被这里欢迎她的风景与声音所吸引。

看到大厅外的景象，她并不觉得惊讶，自从哈利·波特把她推入大众的视野中后，每次在公共场所出席的样子都大体相同。数千名的儿童与成人被警察礼貌且坚定地阻挡在路障之后。许多出席的人把自己打扮成自己喜欢的《哈利·波特》人物，还有很多人手里拿着一本本她的新书。通过精心设计的安全系统，那些赢得门票的幸运孩子们将被允许入内。

罗琳通过后台口进入皇家阿尔伯特大厅，然后站在侧厅等待对她的正式介绍。当她看到塞得满满的大厅，又回忆起了上一次在加拿大的情景。虽然这次规模相对较小，但皇家艾伯特大厅里充满了来自各地的兴奋不已的儿童们。他们兴奋地叽叽喳喳说个不停，享受着这个特殊的时刻，等待着罗琳的出现。该厅已被装扮成了霍格沃茨的样子，为了配合场合，招待员们都穿着《哈利·波特》风格的长袍。

正当音量好像高得不可能再高的时候，罗琳出场了。尖叫和喜悦的欢呼声迎接着她走到舞台中心。她笑了，一个深奥、满意的微笑。因为她给他们带来了生命中重要的内容，看着4 000个孩子表达着对她的喜爱，这个时候任何的紧张情绪都消失了。

罗琳首先感谢他们的到来，在做了几句介绍之后，她开始阅读从《哈利·波特与凤凰社》中提取的段落。很多的观众都把他们自己的书本翻开到相应的页数，并跟着读，有的静静地跟着，有的读出声。当罗琳读完后，抬起了头，掌声和欢呼声再次响起。

接下来，罗琳开始应答主持人及听众的提问。后来在一次采访中，她承认，她为问题的真诚度而感到惊讶。他们想知道为何这本书花了那么长时间来写，为什么决定将人物们带向这个方向，未来的书将会是什么样子和她对于电影版怎么看。还有偶尔出现的关于宝宝和家人的问题，因为这些问题是来自儿童而不是媒体，所以罗琳决定一一作答。

罗琳在雷鸣般的掌声中离开了舞台。《哈利·波特》是为这些儿童写的。这次他们对于作品的赞同是她希望得到的赞美。

现在她该回到家人的温暖和舒适中了。

新书所带来的狂热还在继续，但罗琳已经回到了简单的家居生活，照顾戴卫宝宝，照顾尼尔和杰西卡的需求，还有写作。这是好久以来第一次没有稿期压力的写作。经过了《哈利·波特与火焰杯》和《哈利·波特与凤凰社》夜以继日地赶稿，罗琳与出版商达成协议，最后的两本书，将会在预定的时间里完成送达。

虽然绝不透露当前进展的细节，但罗琳告诉《伦敦时报》说，"这第六本书的篇幅将比《哈利·波特与凤凰社》短，而最后一本很有可能是非常厚的。"罗琳也很高兴看到报道说，电影版的《哈利·波特与阿兹卡班的囚徒》尽管在格兰克拍摄中拖延过，但是已准时地走向2004年夏季的首映。

现在，她的个人生活已变得非常重要，前几年事业的压力退去，罗琳成了一个圆满、实在的女人，她继续将《哈利·波特》的欢乐分享给更多人，将它视为自己的使命。

"最终，我要这样做，"她最近告诉《伦敦时报》说，"我在4年前就可以停止写作，就算那样，在钱财上也不会有任何问题。现在我写作已经不是为了钱，也不是为了没有必要的声名。现在只是为了满足自己和出于对粉丝们的忠诚。虽说是为了我，其实也是为了哈利……而且我要忠于我所知道的，给他一个属于他的结局。"

第十五章
窗外的幽灵

2003年中，罗琳发现了自己处在一个雅致、悠闲的时期。已经十分适应家庭生活的她，不睡觉时的每分每秒都在照顾4个月大的儿子——戴卫的生活需要。她非常愉悦地看到女儿杰西卡，渐渐成为一位聪明且成熟的青春少女。丈夫尼尔——那个永远支持她、了解她并爱她的男人，依然是她眼中最可靠的依赖。

说实话，罗琳在尼尔那里找到了她灿烂人生中的完美生命伴侣。从一开始，尼尔对她的兴趣就不是因为她的名声和财富。他依然在自己的行业中勤勤恳恳地工作，而且漫长的工作时间有时比罗琳还久。而且他的品位与罗琳相似，简单且非物质化。罗琳找到了她的白马王子。

女儿杰西卡依旧支持她、理解她。轻描淡写地忽略母亲的名誉，尽管在母亲的光环下，依然过着比较平常的生活。

罗琳十分满足。但作家的思维仍然在运转，思考着她的杰作，哈利·波特和他奇幻的世界将何去何从。罗琳依稀记起，实际上在怀着戴卫的时候，就已经开始计划《哈利·波特与混血王子》的情节。但儿子出生后，母亲的职责使她不得不把这本书先放在一边。此时此刻，她并没有任何要急着再次投身于写作中的意愿。罗琳已向出版社和粉丝们一致表明，创作前5本《哈利·波特》的急促感，已到此为止。现在家庭生活是她考虑的首要内容，那些渴望续集的人们也只能继续等着。

"我要请上一段时间的假，因为我已经马不停蹄地工作了八九年，还有部分原因是想多花点时间在孩子们身上。"她在一次CBBC（英国广播公司儿童频道）的新闻发布会上说，"如果因为等待让我失去一些粉丝，那我也只能硬着头皮去面对。"

不过，她已在考虑第六本书《哈利·波特与混血王子》的故事情节与人物。

在哈利·波特这一方面，罗琳始终是对自己最苛刻的批判家。她经常说《哈利·波特与凤凰社》过于冗长，《哈利·波特与火焰杯》被过奖了。她知道，重点被放在邪恶和家庭上的《哈利·波特与混血王子》将是《哈利·波特》

系列走向尾声中十分重要的一部分。

"我这次真的要好好地计划了一下"，她在接受《时代》杂志的采访中回顾道，"我花了3个月，就坐在那里，一遍一遍地过故事情节。真的很仔细。从每个角度审视它，我一定要改正过去犯过的错误。"

罗琳在新年开始前就着手撰写《哈利·波特与混血王子》，等到了2004年早些时候，用她自己的话说，她已经"写了不少"。随着近几年形成的写作习惯，罗琳工作室的办公桌上，展现着一张齐全的大型详细图表。图表包含了哪些人物在什么时间，发生了哪些事的信息，和在哪些貌似无关紧要的情节中，可以插入重要的线索。

罗琳常说写《哈利·波特与混血王子》算是她写作生涯中较轻松的时光。当尼尔、杰西卡和戴卫的需求成为首要时，可以把哈利暂时放置一边，但是她随时可以全身心地再次投入。

然而享受写作带来的轻松感的同时，她也想到，也许是第一次意识到，她的创作将告一段落。在这段期间内，经常说第六本书里的太多情节涉及第七本书，她好像在写同一本书的两个部分。

"该书原先的计划在写作过程中发生了一些更改，但也只是细节的改变。"在2005年的爱丁堡图书节，她这样回应记者，"故事或许有了些预料之外的细微辗转。每本书已做了它应做的事情，会带着你们走向最后的结局"。

罗琳作为一位顶级奇幻作家的声誉，也使她偶尔收到《哈利·波特》以外的写作邀请。她在写《哈利·波特与混血王子》时，一部被重拍的英国电视剧《神秘博士》的制片人，给了罗琳一次为其节目的第一季写剧本的机会。罗琳以最近写《哈利·波特与混血王子》太忙，没时间顾虑其他文学作品为理由，礼貌地回绝了这个邀请。

罗琳已经习惯在自己庄园的房间里进行写作。但偶尔也会感到坐不住，在写《哈利·波特与混血王子》时，会偷偷跑到各处的餐厅和咖啡馆，在不引人注目的室外餐桌，就着一杯热气腾腾的咖啡，继续她的写作。但从罗琳在尼科尔森的咖啡馆写下她第一本《哈利·波特》开始到现在，许多事情已发生了改变。罗琳近几年在爱丁堡的街上，已经成为一位相当引人注目的人物，现在的她几乎无法在那些目所能及、毫不起眼的地方藏身。有时她也能溜走几小时，在户外咖啡店写作，但一抬头就看见一群人盯着她看。这虽然会缩短她写作的时间，但罗琳仍欣然对待这些干扰，她很怀念那些在成为世界一流知名作家前的简单时光。

在 2004 年 4 月，罗琳发现她又怀孕了。

尼尔和罗琳对于家庭新的前景感到欣喜若狂。对于罗琳来说，3 个孩子一直是最好的数目。罗琳即将再有一个孩子的消息，迅速地传播到世界各地，首先是祝贺这对夫妇的喜事的信件和电子邮件接踵而至，紧接着就有报社和粉丝们询问数月的待产期，会如何影响到最新《哈利·波特》的完成。罗琳尽力回复了这些疑问，并声明尽管她无法肯定这本书将会在什么时候完成，但并不认为她的怀孕会对此造成太大的干扰。

当时间月复一月地前行，罗琳发现自己已经能够轻松地管理生活的各个方面——发挥母亲的责任，满足家庭的需求，同时从事巨型小说的写作。

她在一次 2005 年的 CBBC 新闻发布会上承认说，家中有幼童确实已经让她减少一天连续 10 个小时写作的日子，特别是最爱的消遣活动——通宵写作。她在该报道中还说，在写《哈利·波特与混血王子》时怀孕，从某种程度上来说，确实改变了写作日程安排。

"我认为在《哈利·波特与混血王子》的最终阶段，绝对一天在写 8 个小时。我本可以更长时间地写，但在那个阶段，我的肚子已经很大了，而且等你到了那个阶段，真的是绝对的大，你需要没事站起来走一走，因为真的感觉很不舒服。"

在写《哈利·波特与混血王子》的时候，罗琳不断地收到《哈利·波特与火焰杯》的备拍报告。她十分高兴地发现一位英国人，迈克·纽维尔，已被选择执导这部电影，并且斯蒂芬·科洛弗将继续担任《哈利·波特》电影系列的唯一编剧。她还欣喜地意识到，尽管有传言说丹尼尔·拉德克里夫、鲁伯特·格林特和艾玛·沃森仍将扮演哈利·波特，罗恩·威斯莱和赫敏·格兰杰这3位主演可能是因为年龄太大了而被替换，但是该电影依然计划6月在英国开始拍摄。

她也在关注《哈利·波特与阿兹卡班的囚徒》的电影版发来的报告。阿方索·卡隆将担任导演，将最新的《哈利·波特》搬上荧屏，这原先被认为是个有风险的选择，但经过几个月的进展，他证明自己是一位对罗琳的梦幻世界富有想象力的解读员。原定在 2004 年的早期上映《哈利·波特和阿兹卡班的囚犯》，现在稳稳地走向 2004年6月4日的上映期。

在 2004年5月初，罗琳接到通知说电影正式完成，邀请她参与一次专门为新闻媒体和制片公司负责人放映的专场。与之前的影片一样，罗琳对着第三部将要在大屏幕上展现的哈利·波特之旅充满着紧张的期待。当指示灯熄灭，前几张影像被投射到屏幕上后，满意的微笑再一次浮现在罗琳的脸庞并一直停留，直至电影结尾的演职人员列表出现。

"我对所有关于哈利的几部电影都很满意，"罗琳在2005年的一次爱丁堡图书节的问答环节这样回顾道，"在3部电影里《哈利·波特与阿兹卡班的囚徒》是我的最爱。在很多方面我都觉得它非常好。我认为阿方索·卡隆导演导得很棒，并且小丹、艾玛和鲁伯特在这部电影里演得都很好。"

到了这时候，罗琳也习惯了电影将不会与书籍完全相同的事实，而且也很满意影视界对哈利的阐释。

"我猜如果你把书里的每一场都拍出来，每部电影就得长达24个小时了，"她在一次CBBC的新闻发布会中说道，"所以，他们得将其进行稍微地修剪和改变。但大致还是符合我预先的期望。"

几个星期后，当她参加《哈利·波特与阿兹卡班的囚犯》的伦敦正式首映时，罗琳有机会再次看到这部电影。面对着电影首映的炫目和华丽，罗琳在内心里就像是个小女孩。当她坐在星光璀璨的明星观众之中，听到他们为电影上映的掌声和喝彩声时，她感受到了更多的喜悦。

稍后，在电影首映后的派对上，罗琳有机会遇到演员加里·奥德曼、大卫·修利斯、迈克尔·甘本，他们的表演为电影增色颇多。她还遇到了好久不见的小丹、艾玛和鲁伯特，并公开地称赞这3个孩子经过了3部《哈利·波特》的电影后，真是成长了不少，已经出落成了俊男美女。

随着《哈利·波特与混血王子》的工作进展，预期的传闻和揣测再一次开始围绕罗琳和作品展开。有传闻说有一位主要人物会死去。还有报道说发现有的人希望通过翻罗琳家的垃圾，找到一些关于即将出版的书的信息。还有新闻报道罗琳身边的人无数次被试图贿赂，希望他们能给予一切关于新书的消息。

小报新闻的不断关注，也给她造成了许多烦恼。她能容忍自己外出走动时被拍的照片，可是，当杰西卡的照片也开始出现在报纸和杂志上时，罗琳决定需要在此事上不遗余力地保证自己与家人的隐私。当一家人决定去夏威夷旅游时，他们雇用了一架私人飞机。一次到某南非营地的旅行，也是秘密进行的。为了举办庆祝她40岁生日的大型庆祝派对，罗琳预订场地和其他详细细节时，用的是她夫家的姓——莫瑞夫人。

全球媒体对她持续不断的关注，已经到了如此地步，以至于她现在非常怀念当年作为一个艰苦路人甲的生活，而不是现在这个据报道宣称，全世界最富有的作家。

2005年的年中开始，罗琳对简单生活的渴望显示出来，她与尼尔在爱丁堡休整期间，偶然意识到他们到了城市中过去从来没有去过的地方。突然，罗琳意识到他们离她之前作为艰辛的单亲母亲，写作《哈利·波特与魔法石》时的公寓非常近。随着人们对她那第一本书的回应，罗琳离开了公寓并搬入新的房子。多年以来，她从来没有过返回这里的意愿。但现在她不假思索地对尼尔说，她之前居住的地方离这儿很近，而且觉得他们应该去看一下。

"当我看到那个地方，我当场就哭了，"她在一次《NBC日界线》的采访中说道，"我泪流不止，有一瞬间，又回到了我多年前的境地。这时那么多的情绪一拥而上，我觉得它真的让我明白我的生活发生了多大的改变。而且，从所有方面看，现在都是那么的美妙。"

靠在尼尔的身旁，罗琳继续凝视这狭窄的房间，这个她曾经视为"家"的地方。她当时感慨万分，"我当时看着那个地方，就感觉好像能看到当年站在窗边的自己的幽灵，还能跟她对话，"她向《NBC日界线》透露，"一切都会好转的，只要你真的很努力，一切都会好转。那次再回去那里的感觉，我永远不会忘记。"

当2005年接近尾声时，媒体时时刻刻地盯着任何有关罗琳的生活和创作的信息。多家报纸的专栏作家都在揣测首先面世是第三个孩子？还是第六本书？尽管罗琳在怀孕的最后几个月里，越来越频繁地感觉到不适，但是仍以较快的速度将这本书写完。在这段时期里，尼尔和杰西卡给她提供了很多的帮助，就如同2004年年底的时候，在罗琳在忙于完成《哈利·波特与混血王子》时，他们也曾经给予她同样的有形与无形的支持和帮助。

2005年1月23日，罗琳进入产房，然后这对夫妇的第三个孩子——麦肯齐·罗琳·莫瑞诞生了。对于家庭新成员的到来，尼尔和罗琳都激动不已。他们避开公众的视线，偷偷地将新生儿迎回家中。同时，出版界也在做着自己的计划，要使罗琳创意家族的最新成员，成为至今为止最大的卖点。

第十六章
倒数至六

2005年7月16日是官方选定的《哈利·波特与混血王子》的正式出版日。罗琳的出版商打算让第六本书创造历史。第一版就印刷1080万册《哈利·波特与混血王子》,这个数字将是有史以来第一版印刷数量最大的一次。

跟以往一样,有高端的安保措施避免《哈利·波特与混血王子》任何情节泄露。武装警卫被部署在一切生产制作该书的印刷店和装订厂。任何人要去到能看见书稿的地方时,哪怕只有一页,都需要出示证件许可。

大量的安全措施也渗入了罗琳的生活。她很久以前就采取措施,将一切工作锁在办公室里,而且最近还开始用粉碎机粉碎任何可能落入报社手里的笔记或纸张。罗琳甚至已经开始审查自己在采访期间说的话,生怕任何说的东西会立即爆红网络,并被分析和讨论。

罗琳在一次《NBC日界线》的采访中，谈论这一切是如何疯狂。"有时我觉得这世界已经疯了。我的意思是，归根结底这是什么？这是一套儿童书。我也知道它是我的一切，而且我也在它身上花了很多工夫。只是认为眼前发生的这一切，已经不现实了。"

随着第六本书面世的倒计时，罗琳继续退出公众的视线，把精力放在家里人的需求上，尤其是现在已经1岁多的戴卫和新生儿麦肯齐。罗琳仍然试着抽出一些时间来写作，但这些时间会因为她要给予家庭的关注而受到影响。

"我现在有3个孩子了，所以我已经挺擅长优化时间，"一次她在CBBC的新闻发布会上说道。"我不再一周写5天。有时我会一周写两天半。差不多待在孩子们周围写作，所以我有了很多时间陪他们"。

任何对于如果系列图书之间相隔两年之久，会打消年轻读者对该书兴趣的担忧，很快就化为乌有了。因为美国和英国的各大书店纷纷订购，发出了约20多万份的《哈利·波特与混血王子》一书的预定单。世界各地的书店已在规划举办以哈利·波特为主题的派对。而且随着每一日、每一周的倒数，罗琳开始需要处理那些传得跟真的似的流言蜚语。

　　有些网站，声称已经设法得到了一本书，并断言某些人物，包括哈利本人在书里死掉了。有些粉丝网站在爆料一些电子信函，声称是罗琳亲自发送的电子邮件，其中揭露了故事的秘密。许多网站还声称他们有签名版的《哈利·波特与混血王子》出售。

　　罗琳一直都很在意自己的读者，所以在自己的网站上回复了这些传闻。她说："我已经注意到有人认为最近是我发布的网站上的留言，但是你们必须要知道，我从来不在粉丝网站上发表留言。我最不想要看到的就是，你们被一个假扮成我的人欺骗或误导。"

　　她虽然还未完成《哈利·波特与混血王子》，但是大多数人并不知道，她在头脑里已经开始考虑第七部哈利·波特书籍该怎么写了。她承认已经制订计划，但尚未一章一章地将其具体策划。罗琳不认为最后一本会和之前的书一样长，但并不排除最后一本书篇幅将会十分巨大的可能性。有一件事是肯定的，那就是《哈利·波特》系列的最后一本书，花多长时间是由她自己决定的。

　　"我认为至少还需要两年的等待，"她在2005年CBBC的一次新闻发布会上透露道，"我只是实事求是，我的计划是准备在年底开始认真写，因为我现在还有一个非常小的婴儿。但是关于书稿这方面的事情已经开始有所动作了。"

《哈利·波特与混血王子》的出版宣传活动已开始运转。罗琳得处理无数个来自出版商和宣传人员的建议，目的都是如何宣传新书。罗琳比较喜欢以大型活动来揭开这次活动的想法。

但她并不想重复像当初《哈利·波特与火焰杯》出版时的全国巡回火车之旅。罗琳很享受坐火车的过程和与每一站的孩子们接触的机会。现在回想那一事件时，令她记忆最深刻的是，她最想与之交流的孩子们的重要性，总是被放置在一拥而上的记者们之后。经过深思熟虑，她想到了一个计划，可以将她那些最忠实的少年粉丝们融进来，还具有无限的梦幻感。

罗琳的英国出版商——布鲁姆斯伯里出版公司有了一个想法，让她在一群孩子面前举行新书的第一次正式新闻发布会。而这些孩子要想能够参与，他们需要根据对哈利·波特世界的理解程度，经过种种测试被筛选出来。罗琳十分喜欢这个想法，感觉这会让她与读者们进行好几年都没有过的直接接触。

下一个难题就是去哪里找到一个可以举行该活动的地点。不想离家太远的罗琳想到了在有着几个世纪历史的爱丁堡城堡里举行这一活动。罗琳觉得这个城堡将是此次活动的完美场景。此城堡也勾起了罗琳怀旧的心情，因为那里也是她写第一本《哈利·波特》的地方。

以城堡为场地，庆祝出版的派对，迅速演化为3天霍格沃茨式的欢乐时刻。

《哈利·波特与混血王子》正式面世前的最后一周，在图书的运输过程中，安保措施更为加强。这些被包装得严严实实的书，全部用戒备森严的卡车来运送，对于这些书有着非常严格的具体要求，不能在7月16日午夜前售出。虽然出版社付出了最大的努力，但是在一个加拿大的书店里，无意间提早出售了14本《哈利·波特与混血王子》。那些购买这些书的人被陆续找到，并要求他们签署一份合同，保证不会在此书正式出售前向他人透露其中的内容。

到了7月15日，从世界各地，比如伦敦、纽约、墨西哥市、澳大利亚的悉尼等，都传来了各种报告，讲述书店门前数以万计的粉丝们排队购书（其中许多人已连续站了好几天了），为的就是能够第一个在午夜钟声敲响的时刻买到这本书。

7月15日，晚上11点30分，一辆载着罗琳的车，停在了爱丁堡城堡前。她惊讶地看到《哈利·波特与混血王子》的封面被投影到城堡正面的墙上。进入了城堡后，她发现自己身处一个梦幻世界。爱丁堡城堡古老的墙壁上舞动着无数闪烁的火把。精灵、小丑、幽灵、变火戏法者和各种神秘的蒙面人物漫游在有着百年历史的房间和宏伟的走廊内。

当有人看到罗琳的时候，数以百计的游客们开始欢呼雀跃。她挥手致意，然后被催促着进入了城堡的大厅，她会在午夜钟声敲响时在那里朗读一段《哈利·波特与混血王子》中的内容，而她面前的电视摄像机，将把她的一举一动转播给成百上千万的观众。

虽然，自从罗琳的第一本书出版以来，这些年里她已经克服了在公共场合演讲的胆怯，但她走进大厅时依然感觉十分紧张。她拿出了一本《哈利·波特与混血王子》开始阅读。但是后来在自己的网站上她回想说，"似乎还不错。"

摄像机关机后，罗琳就可以在这次《哈利·波特与混血王子》开幕会的奇幻与辉煌中放轻松了。她与在场的好几百个孩子寒暄了一番，直到她去见那70个被选中来采访她的孩子们。他们各自收到了一本签名版的《哈利·波特与混血王子》，并收到指示，要求他们在星期日前将这本书读完，这样他们在新闻发布会上才可能有问题可问。

在星期六，这场为期3天的庆祝活动仍在继续，这次罗琳是要会见两个年轻的哈利·波特迷。他们两个在英国和澳大利亚的比赛中赢得了大型刊物的代表权。韩娜·劳森代表《每日电讯报》问出了出乎意料的深刻问题。该问题有关罗琳的新书以及写完最后一本《哈利·波特》后，罗琳的未来将怎样规划。

"我在《哈利·波特》完结后，一定要找其他有意义的事情来做，"罗琳在《每日电讯报》中说道，"我会很享受能利用这些时间陪陪孩子们，和现在一样，但偶尔再多陪陪他们也很好。我知道我肯定会继续写作。但写什么，我还不知道。我想得先接受哈利即将离开我的生活这一残酷事实。"

星期天，罗琳又回到城堡，她在那里花了1个多小时，应答一群年轻的"新手"记者们的问题。应该承认，其中许多问题她都曾被问过，并回答过多次。但是，这次这些问题来自这么年轻、热情的孩子们，她的回应也同样的热情并振奋人心。随着最后一天的结束，罗琳的心情十分欢快。

在前24个小时内，《哈利·波特与混血王子》第一版印刷的1 080万册已经全部售出。世界各地的报告显示，这本新书的销售频率为每13秒出售一本。周末结束前，《哈利·波特与混血王子》已获得了吉尼斯世界纪录历史上销售最快的书籍奖，该书在之前24小时里的销售量比《达·芬奇密码》在去年一整年的销售量还要高。

许多报道开始说罗琳新书销售的前24小时内，每小时赚了100多万美元。这些报告使罗琳感到不安，因为她知道随之而来的，会有更多的故事和关于她到底赚了多少钱的提问。不出所料，不久后《福布斯》杂志发表了一篇文章声称罗琳是仅次于奥普拉·温弗莉之后，世界第二富有的女性。还有报道说她是史上最富有的作家，并估计她的财富高达几十亿美金。

在一次《NBC日界线》的采访中，罗琳开玩笑说，在财务上，她还算可以。"这些故事是在揣测所有未来可能的收入和过去的所有收入。说白了他们是在添加不存在的数据。我不是亿万富翁。我有很多钱，多到我曾经想都不敢想的数目。但我不是亿万富翁。"

她还在一次《闲聊者》杂志的采访中指出说，她虽然在爱丁堡、珀斯和伦敦有3个家，雇用着一定数量的工作人员，但在花钱上，她仍然有着相当的节制，并保持合理的品位。"我爱手提包，我也爱鞋子。但我有一种精神上不可跨越的花钱限制。我真的不可能越过自己的限制。"

她承认也曾大手大脚地花过钱，在她的书架上，有一本价格不菲的第一版的简·奥斯汀的书,旁边挨着的是一些经常翻阅的书皮都破了的书籍。她还承认曾经以天价买下一对昂贵的耳环。但她说,在购买后觉得十分内疚,所以,在之后她立即签了一张数目相同的支票,寄给一个喜欢的慈善机构。

《哈利·波特与混血王子》出版后,为各种机构做慈善工作,仍然是她心中最为重要的事情。她的两本书——《神奇动物在哪里》和《魁地奇溯源》使用的笔名分别是纽特·斯卡曼和肯尼沃思·惠斯普。这两本书为漫画救济组织筹备了3 000多美元的基金,其目的是对抗世界贫困。另外在英国以外的销售赚来的2 000万美元供给了危机中儿童与青年救助国际基金会。1990年,罗琳的母亲因为多发性硬化症去世,这是罗琳继续作为她从事医疗方面慈善事业的动力,她向爱丁堡大学的再生医学部的新中心提供了大量的捐款。

在2005年剩余的时间里,罗琳继续以悠闲的步骤工作着。第七本,也是未命名的《哈利·波特》在有意地缓慢发展、完善。证实了罗琳之前所说的,最后一本《哈利·波特》将会花两年时间完成的计划,可能也只是个保守的估计。但这次的延迟也是可以理解的。两岁多一点的戴卫已经到了一个麻烦、不听话的阶段。而且不用多说，新生儿麦肯齐也占据了罗琳大量的时间。

但是，最后一本《哈利·波特》进展速度缓慢的主要原因，是罗琳对于即将结束的作品突如其来的心理矛盾。一方面，她期待哈利即将结束，这样她就能更加关注她生命中的其他事情，当然，也肯定包括写作其他作品。但是另一方面，她对于这些给了她一切，即将结束的情节和人物们感到些许的悲伤。

在她创造故事发展主线时，心里也是有些矛盾的。其中加入了某些新人物。还有些需要完善的故事线。而且，也许还有一个最重要的原因，她有种感觉，有些主要人物们可能活不到故事的最后。

其中也许包括哈利。

杀掉主要人物一直是个被长期讨论的话题。从第四本书开始，人们就开始严肃的谈论过，关于除掉一些长期存在的人物的问题。罗琳的反应历来是相当模糊的，但随着故事的发展，以及某些人物的死亡，或者他们的未来充满着矛盾，罗琳越来越需要面对哈利、赫敏和罗恩将来的生活，还有死亡会如何影响最后结局的问题。

但在2005年底回应这一问题时，罗琳对此仍然是十分含糊，声明她不想在书完成之前做任何的预告，以防收到四面八方发来的恐吓信。虽然罗琳在第一本书出版的很久前就决定好了《哈利·波特》系列的结局，但她所写故事中人物们的未来，却从未尘埃落定过。

罗琳继续关注电影版《哈利·波特与火焰杯》的进展，并高兴地得知导演迈克·纽维尔，虽然只有小型独立作品的持导经验，但现在已经完全有能力处理大规模的道具设备和强效的特技效果，同时还能够将罗琳想象的内心与灵魂，投放在荧幕上。

在2005年剩余的时间里，罗琳依然悠闲地生活着。到了这个阶段，她的出版商已知道"下一本书会在什么时候完成"的暗示连提都不该提。他们推断，随着最后一本书的触手可及，现在不是该追问全世界最著名作家的进度报告的时候。毕竟，《哈利·波特与混血王子》已超出所有人的期望。这本书在全球销售榜的顶端首次亮相，而且口碑也十分好。

到了这个阶段，罗琳能够给书籍注入新生命和紧张且兴奋情绪的能力，被夸奖并受到关注，而且罗琳作为一位作家的实力，似乎随着岁月流逝在提高。对于罗琳来说，这些在表面上的赞美，被谦虚地接受。她心里一定像个兴奋的小女孩一样，上蹿下跳的了，这不仅是因为作品被公认为是一种世界奇迹，还因为在写作方面的天赋的技能，也得到了人们的肯定。

罗琳极为高兴。

2005年11月，罗琳动身到了伦敦参加《哈利·波特与火焰杯》的首映。对于我们的作者来说，这些一年一次的出游，依然是欢笑和快乐的时光。她将与去年首映以来一直未见的老朋友们再重逢，还会认识新朋友，并坐观好莱坞是如何继续呈现她的作品的。《哈利·波特与火焰杯》会和它之前的电影一样成为全球票房上的成就几乎是肯定的。在此过程中，电影还会以符合她想象的方式来展现完成，这对于罗琳来说，是一种用全世界的钱都买不来的兴奋。

2006年元旦到来，罗琳的生活像是童话般美好。她被一个爱她并支持她的家庭围绕。她在这辈子唯一喜欢的工作中获得了成功。对于罗琳来说，最好的部分就是这16年来的美梦还将继续很长一段时间。

但现实也永远不会远离乔安妮的思绪。新年过后不久，她便返回最后一本《哈利·波特》的写作。

第十七章
哈利死了吗？

似乎和往常一样，罗琳的写作很容易被做一些善事的请求而打断。这一次，她要在1月25日和26日去一趟罗马尼亚的布加勒斯特，帮助"改善儿童生活水准基金会"的开幕式，这个组织专注于帮助东欧国家，比如罗马尼亚和捷克共和国等，这些国家中生活在精神病院极其恶劣条件下的残疾和弱智儿童。

罗琳对于几乎生活在樊笼里的孩子们的关心，起始于2003年，当时一篇报道里关于这些儿童的文章触动了她的心。"我差点读不完那篇文章，"她在一次《闲聊者》的采访中回忆道，"但我又觉得不去读完不好，读完了那篇文章后我就想'我为什么不看看能不能帮助他们呢？'"

罗琳发动了一项信件请求活动，给欧洲议会的苏格兰当地代表、捷克大使、捷克总理和捷克总统。通过她的信使，她与公爵夫人埃玛·尼科尔森会面，公爵夫人曾在罗马尼亚处理过类似的问题。罗琳接受了她的邀请，去罗马尼亚进行一次实况调查的任务。在罗马尼亚，罗琳了解到更多关于在这些机构中，儿童们所面临的状况，所以她便组织了一场慈善晚宴，为改善儿童生活水准的慈善基金会筹款。

这次旅程之后，罗琳承诺与其他国家合作一起来改善世界各地被关在收容机构里的儿童。罗琳在这次公众关注下的罗马尼亚行程之后，很快就打破了有关她将致力于慈善工作，会对最后一本《哈利·波特》的写作，无限期地搁置一旁的传闻，她向粉丝们保证她依然在努力写作中。

在2006年，罗琳在全球的声望，也开始为她获得一些另类的荣誉。一颗小行星被命名为罗琳，以表示对她的敬意。一种新发现的恐龙化石被命名为霍格沃茨目帝王龙，以表示对她所创建的那个世界的敬意。在她的旧居，布里斯托尔附近的一个房屋开发项目，被命名为罗琳门。

2月6日，在罗琳从布加勒斯特返回不久后，《哈利·波特与凤凰社》电影制作开始。该片将由戴维·耶茨执导，而前4部电影的编剧斯蒂芬·科洛弗则由作家麦克尔·戈登伯格替代。影片的上映时间定在2007年7月13日。紧接着，就有消息声称，尽管还没有定下导演与编剧，但是电影版《哈利·波特与混血王子》的初步准备工作已经开始，并且计划在2008年11月21日上映。

罗琳依然为影视行业运转的高速而感到惊讶，但根据前几部电影拍摄的经验，她相信好莱坞将继续准确地展示她的故事。

罗琳再一次认真地投入写作之中。她发现自己在最后这本书的话题上，特别不想多说。在《NBC日界线》访谈中，有人问她是否会和丈夫讲一些小说中的情节，她哈哈大笑地说，"我是不会告诉尼尔的。尼尔会忘掉。其实，他也不是个该告诉的人。不，没有一个人知道。因为那是我的宝贝。"

罗琳在表面上表现出对于第七本《哈利·波特》似乎保持着乐观的态度。她在自己的网站上向粉丝们表态说自己"真的在努力工作"，并且她"很享受"。

但是，不得不承认，对于罗琳来说，这是一段艰难的时光。她要操持着一个有着两个到处乱跑的幼童的家庭，还要尽量完成这本许多人都认为会是她写作生涯中最重要的一本书，仅这些就已经使罗琳变得十分焦虑。书稿的保密性也达到了最高点，并已开始影响她的情绪。

在2006年的一次采访中，她在结束前，差点自己说出第七本书的书名。任何跟该书有丝毫关系的文件，如果没被锁好，就要被用碎纸机粉碎掉。虽然她常常回避任何有关哈利的商业元素的内容，但还是被迫站出来警告粉丝们，告诉他们那些在ebay这样的网站上，拍卖的声称是她签名版的书籍很可能是伪造的。

就好像罗琳的世界还不够乱，在2006年的上半年早期，一个记录着最后这本《哈利·波特》信息的笔记本不见了。到了和《闲聊者》做访谈时，该笔记本还没有被找到，这使罗琳十分担心。

"我相信它早晚会出现的，"她叹道，"我只希望我没把它忘在某个地方。我到处都找遍了，真不希望别人捡到了并将它拿到报界。"

鉴于她的财富和名声，罗琳不断地被寻求财务支援的请求所包围，哪些事是应该被帮助的情况，这需要敏锐的观察和许多调查才能决定。2006年，罗琳收到了一份十分令人感兴趣的请求。一组英国电影制片人在为他们的短片筹资，名为《周五晚的衬衫》，讲述了单亲母亲们的奋斗，并由真正的单亲母亲来担任主要角色。这个故事的重点放在单身母亲们在现实的生活中遇到的困难，使罗琳深有感触，她心甘情愿地投资了该影片的制作。

又一次帮助值得支持的慈善事件出现于5月，罗琳接受了一次在8月飞往美国与作家斯蒂芬·金 和约翰·欧文在纽约广播市政大厅参加问答会的邀请。这为期两天的活动将资助"避难所基金会"（一个致力于帮助由于事故和疾病而无法工作的艺人们的慈善机构）和"无国界医生"（一个为全世界提供紧急医疗援助的组织），这也是自2000年以来第一次让罗琳有机会在美国朗读。

到了这时候，罗琳已很少在公众面前出现，而是选择将时间花在家庭和写作上。但当她在一次《理查德和朱迪》的电视节目上露面时，公开地表示一些大家最喜欢的《哈利·波特》书中人物可能会在最后一本书里死掉，这掀起了纷纷议论。

"有一个人物得到了缓刑，"她在访谈中说道，"但我要承认其中有两个死亡事件不是我原本的意愿。"

罗琳告诉主持人们，拒绝透露将要死掉的人物，因为她不想开始收到从愤怒的粉丝那里发来的充满仇恨的邮件。罗琳不肯说死亡的人物中是否包括哈利。但她紧接着说出的话，激起了轩然大波，"在最后一本书之前，我从来没有想过要杀掉他，因为我一直计划的都是7本书，而且我也要终结在第七本书。"

罗琳在说完这句话后，顿然意识到自己已经打开了潘多拉的盒子，但覆水难收。全世界的媒体几乎都在刹那间抓住了这一句话，通过破釜酒吧网站，BBC新闻和CBS新闻等各种多样的媒体，将这句话传递给全世界。而且和平时一样，许多媒体都扭曲了她的原话，好来表明罗琳肯定会在最后一本《哈利·波特》中杀掉哈利。

罗琳几乎没有时间来考虑这句话带来的影响，因为在6月25日，她在伊丽莎白女王的邀约下，离开了在爱丁堡的家，去参加女王在白金汉宫的80岁生日庆典。罗琳将为女王和据报在场的2 000名收到邀请的儿童朗读《哈利·波特与混血王子》中的一段。流程还包括了一个精心策划的表演，其中一只猫头鹰从宫中出发，并飞向霍格沃茨魔法学校，之后在一个已经预先在《哈利·波特与凤凰社》的片场录制的片段中，哈利、罗恩和纳维会收到猫头鹰，然后用麻瓜魔法挽救故事中虚构的危机。

罗琳为这一天的辉煌感到非常兴奋，并在《BC书籍》的新闻报道中说她认为"庆祝女王的80岁生日，这是个非常美妙的方式。"

就算罗琳用尽全力，还是无法逃避预期的新闻报道和关于第七本书的进展引发不可避免的问题。"想到这是最后一本，我还是觉得挺伤心的。但到目前为止还不错。我觉得现在感觉还算良好。也许等它快到结尾了我才真的能确定。我现在离那个结尾还差点距离。"

当有关哈利·波特可能死亡的消息风波过了后，罗琳被问及最多的问题往往是她在哈利之后的写作生涯。在最近几年里，她曾暗示在办公桌上散落着其他类型的作品，但不肯做详细介绍。但她的确在一次CBBC的新闻会议上表示说，未来不会再写这样的长篇奇幻系列了。

"我不认为我会再写更多的奇幻书籍了，"她说，"原因是我现在已经写过了一部巨型的长篇奇幻作品，我觉得已经把我最好的思想融入了《哈利·波特》之中，如果我尝试再写另一部奇幻书籍，就会感觉它永远都只能排第二。我希望哈利·波特系列是我在这个写作风格中仅有的作品。"

虽然她对8月飞往纽约的计划感到兴奋，但罗琳并不打算为了这次出行放下她的写作。因此最后一本哈利·波特的书稿，大部分都是手写的形式，被小心地装在了她的行李内。在长途飞行中，随着飞机掠过大西洋，罗琳就会拿出稿子并开始在纸上写字。许多乘客很快认出了罗琳，但出于对她隐私的尊重，他们并没有上前打扰。

当罗琳从飞机窗口看到纽约机场时，她感到兴奋。虽然她将十分怀念家人，就算只是这几天，但在国外另一个地方与粉丝们见面，还能见到她所尊敬的作者。对于罗琳来说，这一次属于梦想成真。

她与斯蒂芬·金和约翰·欧文第一次见面的场景十分不错。他们很有礼貌、很亲切，也尊重她的作品，并拥有一种和她家乡不一样的幽默感。三人相处得好极了。

在活动开始前的一次新闻发布会上，金和欧文被周围关于谁会死在最后一本书的讨论热情所感染，恳求罗琳不要杀死哈利。罗琳回答说她不会做任何保证。

同样是在那次新闻发布会上，记者们再一次询问罗琳对于该系列即将结束的感受。她的回应被发布在各种报刊和网站，包括"哈利·波特自动新闻聚合者"。她承认，这一阶段的情绪，有点复杂。

"一方面，我会感到很难过。哈利已占有我生命中巨大的一部分。在我生命的这个阶段里，十分动荡，而他永远是固定不变的。所以会有一种丧亲之痛。来写一部像哈利这么受欢迎的作品，也包含着许多压力。虽然随之带来的这一切都十分美妙，但我认为如果能摆脱哈利·波特写作的这部分，也会是一种解脱。"

这两天的宣传活动做得很好。能见到3位中的任何一位对我而言，都有很大的吸引力。但将他们这个级别的3位作者结合到一次活动中，是大众希望看到的，因此相关两场活动的门票被迅速抢空。

尽管她的职业生涯已走到了这一步，但罗琳在为多人演讲前仍会感觉怯场，在纽约也不例外。当她和其他作者在被介绍后，雷鸣般的掌声响起时，她的紧张立即消失了。

罗琳被女演员凯西·贝茨介绍完后，便上台为大家朗读了一段《哈利·波特与混血王子》，接着是一场十分刨根问底的问答会。其中一个问题围绕着邓布利多是否真的死了。罗琳回答"是的"。

"邓布利多绝对是死了，"她在该会议上宣布，"我知道外面有很多人不会喜欢这样的回答"。

问答会过程中，斯蒂芬·金向观众们承认说，在罗琳的书中，尤其是当它提到了食死徒们的段落，真的把他吓到了。人们听罗琳幽默地回应说，"想想看，竟然能吓到斯蒂芬·金"。

虽然，这条消息直到后来才会提出来，但罗琳在第七本书上确实有了一个突破。到目前为止，她为最后一本书已经考虑了好几个可能用到的书名。但是，在纽约的第二天她洗澡的时候，突然有了灵感和一个书名。

罗琳在登上从纽约飞回英国的航班时，遇到了一点问题。她提着笨重的书稿乘坐前往美国的飞机没问题，但在返程的旅程上，她被安检人员截住，因为他感到她的书稿是个会威胁到飞行安全的可疑物品。稍后，双方达成了妥协，罗琳可以将她的书稿带上航班，但在书稿外，必须用橡皮筋捆好。

"谢天谢地他们让我带上，"她在她的网站上说，"如果他们没有让我带上飞机，我都不知道自己会做出什么事，我可能就坐船回来了。"

罗琳会继续为粉丝提供第七本书的信息。在网站上经常更新显示出她在辛勤地创作，在处理如何将十几年前就已计划好的场景写出来。她在同一个网站里发帖承认，有点无法相信自己写的是最后一本《哈利·波特》，尽管她依然为创作哈利感到极为兴奋。

"我认为没有任何人能理解这种感觉，"她告诉她的粉丝，"我既想又不想完成这本书。"

她也承认，与之前几本书的创作一样，会外出到某些未公开名字的咖啡店去写个别的篇章，而且她现在也不怎么吸引路人的注意，因为他们已经将工作中的罗琳仅看作是爱丁堡的一个旅游景点。

到了现在，罗琳被这么多"哈利"的东西包围，这使她有史以来第一次梦见哈利的世界，其中她站在哈利的角度徘徊在梦幻的世界。她在自己的网站上告诉粉丝们这个故事时，还笑着说"我可能该少摄入点咖啡因了"。

为了放松和摆脱写作的压力，罗琳开始偶尔探访《哈利·波特与凤凰社》的拍摄现场，在那里她会观看场景的拍摄并与演员们交谈。她仍为大规模的布景场地而感到惊奇，也感叹现代电影技术是如何再次让她的梦想成真。

当然，她还会时不时地要处理和消除着一些传言。其中一条说最后这一本书会长达750页。她断然将其否认，同时否认这个反复出现的旧闻：说史蒂芬·斯皮尔伯格没能导演第一部哈利·波特是她的责任。

罗琳终于决定了最后一本书的标题，并且在2006年12月21日宣布，该书书名是《哈利·波特与死亡圣器》。许多人没有意识到，其实在该通告发布时，罗琳已完成了全部书稿，只是在为哈利最后的一次冒险，做最终的修饰与点缀。

罗琳在精神上十分疲倦。当她最终把哈利·波特告一段落，既感到解脱，也感到悲伤。她自己内心有着浪漫的一面，想要为她生命中十分重大的一段的结束，做点什么特别的纪念。

年初后不久，罗琳悄悄入住爱丁堡巴尔莫勒尔酒店的652号房，来为哈利·波特传记增添最后的一笔。

第十八章

结尾……

　　罗琳望着她面前堆积如山的书稿。在面前的那页纸上做了最后的标记，然后放下了手中的笔。日历显示 是2007年1月11日。

　　该日将被牢记为罗琳为哈利·波特传记写下最后几个字的日子。

　　罗琳静静地坐着，思索着生活和事业中一个阶段的真正结束。虽然她总的来说很谦卑，也不自大，但她突然觉得自己不管用什么方法都需要将这个瞬间记录下来，在文学历史中留下一笔。她看了看房间的周围。她的眼睛落在了一尊赫耳墨斯的装饰性雕像上。她拿起了一支标记笔，走到了塑像前，便开始写：

　　"罗琳，2007年1月11号，在这个房间（652）里完成了《哈利·波特与死亡圣器》。"

随后潇洒地在塑像上签下了她的名字。

哈利·波特系列的最后一本已完成的消息，迅速地传遍世界各地的媒体。等这一消息最初带来的3把火开始平息时，记者们得知了塑像上的签名，便一窝蜂地涌到巴尔莫勒尔酒店，为了得到完整的故事。

在《苏格兰人》的报道文章里，酒店的总经理黛比·泰勒只是肯定地说罗琳在光临他们酒店时，的确在一尊雕像上签名，而且该塑像已被酒店收藏。她还说，该酒店目前没有打算将那个房间变成一个旅游景点。

酒店发言人杰西卡·特罗特对美国有线电视新闻网说，"显然这是一件非常独特的事件，我们感到很高兴，也很荣幸她选择了巴尔莫勒尔酒店来完成她的写作"。

人们对这个故事的兴趣会是短暂的，因为哈利·波特系列的完成，将很快使他们再次兴奋。2月初，《哈利·波特与死亡圣器》一书被宣布将在 2007年7月21日开始正式出售。不久后，华纳兄弟影业公司宣布，电影《哈利·波特与凤凰社》将在2007年7月13搬上大屏幕。

世界各地的粉丝们都激动不已，他们大部分的暑期计划将会围绕哈利·波特的世界进行。兴奋后也不可避免会有悲伤，因为通往哈利·波特世界的大门，很快就会永远紧闭。

既然最后一本书写完了，罗琳现在开始尝试适应正常的、有规律的生活。虽然还有预期的编辑工作要完成，但在大部分情况下，每天都在享受她喜爱的正常家庭生活，也会不时地调整自己在哈利方面的微妙情感。她在网站上也承认，现在的心情乱得一团糟，这条消息也会在破釜酒吧粉丝网站和《苏格兰人》上出现。

"我一直都知道，哈利的故事将在第七本书中结束，"她说道，"但要说再见和我想象中的一样难。就算我现在还在哀悼，仍有一种难以置信的成就感。我不敢相信我终于写出了我计划了这么多年的结局。我这辈子从来没有过这么多混杂的感受。做梦也没想到我能在感到心碎的同时，还能感到愉悦。"

她还表达了对最近刚完成的《哈利·波特与死亡圣器》的感受。罗琳说这本书是"我的最爱"，并且它是"结束这个系列最美妙的方式"。

《哈利·波特与死亡圣器》的出版日期公布不久后，各书店便开始提前预订这本书。结果令人惊奇。预订单比《哈利·波特与混血王子》整整多了500%。《哈利·波特与死亡圣器》在正式出版前好几个月，就已经在各网络书店销售排名上暴涨到第一名，最主要的是亚马逊网站和巴诺书店的网站。罗琳通常只关注文学创作，而将收益的问题交予他人打理，但是当她听到这个消息后，还是感到十分惊讶。

在她回归做一位妻子和母亲的重要身份之前，罗琳收到了一个与哈利无关的好消息，她资助的短片——《周五晚的衬衫》在国际高清影视节，获得了最佳戏剧短片奖。

既然现在没什么新闻出来了，各种流言开始再一次地到处乱飞。其中大部分是围绕至少有两个人物会在最后一本书里死亡的消息。罗琳善意地否认了许多太离谱的故事，但有一次，又掀起了浪花，因为她笑着说有可能在最后一本书里杀掉每一个人。担心人们可能将这么明显的玩笑都当作事实，她紧接着就解释说自己是在开玩笑。

其中一个十分疯狂、但也显得可信的流言出现在媒体上，说罗琳与迪士尼公司签了一封意向书，这将允许主题公园中的主宰者们，建造一处与《哈利·波特》中的人物相关的景点。罗琳的法律代表马上出面宣布，罗琳和迪士尼公司之间没有什么合作意向书。

尽管如此，还有其他的传闻依然存在，说罗琳在写《哈利·波特》系列的过程中，已经耗尽了她的一切灵感，并且以后永远不会再写一个字。在谣言的另一端，有消息说罗琳会开始写成人的悬疑作品，她未来的作品可能会用笔名。有个极端的传闻慢慢浮出水面，说罗琳就是个笔名，而她现在将开始用她自己的真名写作。

罗琳试图耐心地处理这些传言。是的，她的名字真的是乔安妮·凯斯琳·罗琳。不，她从来没有想过在哈利以后利用另外一个笔名。但她承认，这些年来，她除了《哈利·波特》，也写了些别的。

"我写过其他没有被出版的东西，我向你保证，这对于世界来说不是很大的损失，"她在爱丁堡图书节上向记者们说道，"我写过各种不同的东西，但都没有出版。其中某些作品可能会在某一天出版。有些未完成的作品，的确希望可以完成，但我不觉得会想将它们出版。"

但随着哈利·波特的完结一点点接近，她说在哈利之后还是会继续写作生涯。她在2006年底说过，最近已完成了几个短故事，并说还完成了另一本尚无标题的儿童书，她将其描述为"政治童话"，关于孩子们会喜欢的一头怪兽。罗琳还猜测，虽然她不会再写第八部《哈利·波特》，但她可能会出版一本哈利·波特世界的百科全书，其中包括未出版的材料和种种备注，其收益将会捐给慈善机构。

罗琳在爱丁堡图书节上曾经承认，在未来写作的方面还是有一定的不自信。"我们还要再看看它是否足够好，是否可以被出版。我是说，很明显这使我十分担心，因为哈利之后的第一部作品可能会烂得要命，而人们还是会去买。所以心里真的缺乏安全感。"

既然最后的书稿编辑已完成，罗琳在近10年里，第一次没有任何要赶稿的最后期限。她很开心地意识到，现在突然想做什么都可以。她去旅游，去做慈善工作，并且也可以好好做一次妈妈。罗琳到了一个害怕没事干的阶段了。

"现在我发现这样很自由，"她在一次《NBC日界线》的采访中说道，"我的世界掌握在我手中，可以去做任何喜欢的事情。"

其实，也不能完全这么说。

随着日子的倒数，《哈利·波特与死亡圣器》的出版和《哈利·波特与凤凰社》电影的上映日渐渐逼近，罗琳发现自己有义务参加一定的新闻采访。并没有对此感到很有压力，罗琳轻松地完成了众多访谈。关于电影方面，她十分积极地回顾每次去拍摄现场的探班，还有好莱坞至今是如何善待她的创作。许多关于书的问题，在过去的一年里已经听过很多遍了，因此她也轻松地改变标准答案。罗琳在最后一本书中谁会死的方面上守口如瓶，并成功地向大众传播了强烈的神秘感，使上百万的人赶到书店来找答案，揭开最后这层神秘的面纱。

庆祝《哈利·波特与死亡圣器》来临的庆典和以前一样，有着马戏团一样的热闹氛围。世界各地的书店都在准备和新书有关的各种主题活动。一些网站安装了时钟，不断地倒计时每月、每星期、每天、每小时和每一秒，等待着图书的出版。该书的痕迹无处不在。

媒体不顾一切加班加点地讨论着哈利·波特中的每一个可说的话题。《娱乐周刊》在2007年的一篇文章中说，罗琳的出版社和无数个书店会发现，没有了一段时间出一本的《哈利·波特》，他们的利润会下降，并在最后挖苦地估测，当罗琳的财富从几十亿变成几百万时，她也许就会被劝说再出江湖，写另一本《哈利·波特》。据报道，当罗琳听说这世界上还有任何东西能迫使她再写一本哈利·波特后，她哈哈大笑。

据《开普艾格斯》报纸报道，一家书店准备开始售书的那一天，在书店内准备了一个他们称作"悲痛"区的区域，来安慰那些发现书中死亡的人是谁之后，就会变得情绪低落的读者们。

关于最后一部作品中人物死亡的话题，已成为一个如此有争议的议题，《公民报》报道了，在新汉普顿大学，有一位英国文学研究专家詹姆斯·克拉斯纳本人也做出的关于谁生谁死的推测。

"哈利绝对死不了，"他说，"哈利不会死，因为这些都是风趣的故事，邪不会压正。"

克拉斯纳之后继续道，"伏地魔必须得死。还有斯内普，虽然他是站在正的那一边，很可能会死。纳维·隆巴顿才是确实选中的人，所以我怀疑他会死。"

等到了7月，哈利·波特热潮已全面展开。破釜酒吧和麻瓜网这样的网站都在刊载有关即将上市的电影和书的各种新闻。各个网站中有很多对这部电影表达的观点和一些声称已经看过《哈利·波特与凤凰社》的人士。

当罗琳准备第一次与其他观众一同观看影片时，她的情感十分强烈。可以肯定，电影将会在上百万年轻读者心中强化她所创造的梦幻世界。而且她觉得其余的电影将填补哈利·波特结束后留下来的空缺。

对于最后一本书，罗琳完全是另一种感觉。不管她怎么努力，罗琳很难接受她永远不会再写关于哈利和他的世界的事实。她急于去做其他的事情，也很期待继续以作家的身份来考验自己。但感觉她已经能看到哈利、罗恩和赫敏的身影，在转角处探头，要向她道别，而她却办不到。

那些最接近罗琳的丈夫和他们的孩子，以及妹妹和亲朋好友们，十分理解罗琳现在的困境。当罗琳来与他们谈心时，他们认真地聆听。只有在她需要的时候，才提供他们自己的意见。归根结底，他们知道任何问题，最终都需要由她自己解决和面对。

关于定在2008年早期开始拍摄的电影版《哈利·波特与混血王子》的消息，已经开始四处传播。资深美工设计斯图亚特·克莱格已加入，并开始用电影中会出现的奇幻来诱惑记者们。宣告说由于新的英国拍摄地点已经变得非常难找，所以电影的大部分可能会去爱尔兰进行拍摄。关注电影的消息对罗琳来说，也只是一种暂时的逃避，手头最重要的任务是陪哈利走完最后一程。

7月20日，整个世界好像突然静止——电视、电台和报纸都是关于《哈利·波特与死亡圣器》出售的消息。所谓的专家被找来解释这一切的原因。一箱子一箱子的书处于高度保密状态。

世界各地的书店准备好通宵营业，计划着哈利派对和一切围绕这次图书出版发行的活动。大大小小的城市里都有着粉丝，他们将自己装扮成哈利·波特书籍中自己最喜爱的人物。书店门外排着长队，孩子们兴奋地讨论最后一本书中会有什么新的秘密。

在午夜钟声响起时，《哈利·波特与死亡圣器》在全世界登场，欢喜的尖叫声在全球回荡。孩子们紧紧地抓着自己的书。许多读者买完书，就直接在书店里找了个角落立即开始阅读。几分钟内，兴奋的叫声从各处响起，随后这个故事的秘密被缓缓揭开。

在2007年 7月21日，全世界的夜晚灯光闪烁，上百万的年轻读者们将这些奇幻装入脑海里。

第十九章
……和开端

在接下来的几周里，罗琳参加了许多不可避免的朗读会、访谈，还要回答《哈利·波特与死亡圣器》在出版后又掀起的一波问题。还要关注那些年轻读者们的回应。

很多人会为最后这本书里的真相而感到意外和震惊；将会有数不清的问题都是关于罗琳为什么会选择去杀掉一些人物；还会获得全球的赞美，赞美她是如何包装好这7年的旅程，并让霍格沃茨的人物们走向世界。在这本书出版后的谈话中，罗琳再一次耐心、直接地回答了关于《哈利·波特与死亡圣器》和关乎她未来的问题。

"我觉得我再也不会创作出像哈利这样的人物了，"她在一次《理查德和朱迪》的采访中说道，"像哈利这样的人物，你也只会有一个。"

当罗琳在接受《NBC日界线》采访时真情流露，"道别真的会是一件很伤心的事。这对我来说会十分困难。但这也是无法避免的。这是一段美好的旅程，但是你要知道该什么时候下车，而我知道我该什么时候下车。"

罗琳为她的书在全世界受到的欢迎而感到欣慰。近1 100万本的首印版图书在几天内就卖完了，立即将《哈利·波特与死亡圣器》推到好几个重要的畅销书排行榜的最顶端，并盖过新电影的热潮。许多人宣布2007年7月为"哈利·波特月"。就算叫它"哈利·波特年"都可以，因为随着7月转入8月，时间流逝，哈利·波特无处不在。不可避免的商业玩具和其他形式的商业广告推销，将泛滥于市场，但罗琳还是会欣慰，因为真正的兴趣点，仍然会在书籍和电影上。

罗琳在完成宣传职责后，就开始低调下来。她将在接下来几个月里专心做一个好母亲和妻子。一家人会去旅游，并且会花时间和他们的亲朋好友们在一起。近10年以来，罗琳终于可以真正地放松和休息了。

但是，媒体还没有完全撒手。当最后这本书的热潮过了以后，各种报纸、网站和传闻依然还在窥探罗琳的未来。有些认为罗琳就是一位曾经有过一个非常棒的想法的作者，她永远也不会再写了。还有人说，罗琳可能会休息一两年，再去尝试写下一本书。还有的人，更是充满希望地说罗琳已经和出版商达成了一项数百万美元的合同，她会再写第八本哈利·波特的书，并将在2008年出版，目的是配合当时发行的电影《哈利·波特与混血王子》。

罗琳一般会很快否认所有这一切传闻，有时她也会不做回应，但这只是成功地给那些猜测接下来会怎样的谣言添油加醋罢了。有一件事是肯定的。罗琳在文学史上的位子已经坐稳。《哈利·波特》系列，作为一套奇幻小说，将会经得起时间的考验，也会吸引老少各类的读者去继续人们所认为即将消亡的艺术——阅读。每部电影都将会成为永恒的经典。虽然她很久以前就已说明这套书早晚有一天会停止，但来自各地的问题还是会源源不断地向她抛来。这也是为什么她宣布永远都不会删掉自己的官方网站。

"我觉得自己不可能回答得了所有问题，比如小说并不是一种恰当的方式，来表现人物所喜欢的所有颜色，"她在2005年的一次破釜酒吧和麻瓜网站的联合访问上说道，"所以，我无法告诉一个痴迷的粉丝他想知道的关于这个故事的一切。另外，我觉得，就算是在第七本之后，人们还会继续做出各种关于人物的论断。"

在这次采访中，大概是因为已经计划好了未来，罗琳说，等一切都结束，该做的事情都做完了，她和尼尔将带着孩子们过比较正常地生活，继续为他们展现生活的真实图景。

"我生命中首要的事情是让孩子们一定要理智、正常的生活，植根于现实世界中。像生活在城堡里这种事儿，对于他们来说没有太大的影响。我觉得虽然我们有这个能力，但我们过得还是很平常的生活。我们会去商场，和其他人一样在城里溜达。3个孩子在成长的过程中，都将会看到尼尔和我在努力工作。我们两个都没有打算辞掉工作，休闲地坐船环游世界。我们会继续努力工作，我认为这可以给孩子们树立很好的榜样。自身价值真的来自于找到自己最擅长做的事情。"

或许，等到了2007年底，就会有新闻报道说，罗琳再次坐在爱丁堡一家咖啡店的一张不碍事的桌子旁，在一张张纸上奋笔疾书。

传闻也可能开始蔓延说，在某些晚上，在与戴卫和麦肯齐道过晚安后，罗琳就会走到城堡里最偏僻的地方，走进办公室，等到凌晨时才会再次露面。

她会是在写另一本《哈利·波特》吗?还是一本完全不

同的新作?或者这只是粉丝们的幻觉,只是因为粉丝们在经历了10年的奇幻之旅后,在想象力被激发、生命被影响之后……

仍在盼望还会有更多。

参考资料

　　自从《哈利·波特》系列图书引起了世界范围的轰动，J.K. 罗琳成为许多报刊文章和访谈的中心。以下刊物对我都很有帮助，它们具有高水平的专业素质：《美联社》《澳大利亚人》《图书》《波士顿环球报》《CBBC新闻》《当代传记》《每日镜报》《每日电讯报》（伦敦）、《爱丁堡晚报》《娱乐周刊》《时尚好管家》《卫报》（伦敦）、《高端》《好莱坞记者》《洛杉矶时报》《麦克琳》《纽约时报》《新闻周刊》《观察者》（伦敦）、《人物》《读者文摘》《学校图书馆杂志》《苏格兰人》《太阳报》《星期日先驱报》《周日镜报》《星期日电讯报》《时报》《时报》（欧洲版）、《时代》（伦敦版），《多伦多星报》《综艺》《华盛顿邮报》。

　　以下网站也为此书提供了参考信息：J. K. Rowling:

Raincoast Kids; Meet J. K. Rowling: Scholastic.com; J. K. Rowling: Bookwire; The Unofficial Harry Potter Fan Club Page; Harry Potter: Scholastic.com; The Essential Harry Potter; books: BBC Online, 还有 Barnes and Noble.com; CNN.com; The Leaky Cauldron; ICulture; Salon.com; Empireonline; Upcoming Movies.com; Bloomsbury Magazine.com和 CBC. com.

　　以上列出的互联网网址可能会在本书从创作到成书期间出现变化或消失，这一点请读者理解。